U0710546

康熙會稽縣志 1

紹興大典 史部

中華書局

圖書在版編目(CIP)數據

(康熙)會稽縣志 / (清)吕化龍修 ; (清)董欽德纂 .
– 北京 : 中華書局 , 2023.12
(紹興大典·史部)
ISBN 978-7-101-16280-6

Ⅰ. 康… Ⅱ. ①吕… ②董… Ⅲ. 紹興 – 地方志
– 清代 Ⅳ. K295.53

中國國家版本館 CIP 數據核字 (2023) 第 126176 號

書　　名　(康熙)會稽縣志(全三册)
叢 書 名　紹興大典·史部
修　　者　〔清〕吕化龍
纂　　者　〔清〕董欽德
項目策劃　許旭虹
責任編輯　梁五童
裝幀設計　許麗娟
責任印製　管　斌
出版發行　中華書局
　　　　　(北京市豐臺區太平橋西里38號 100073)
　　　　　http: // www. zhbc. com. cn
　　　　　E-mail: zhbc@zhbc. com. cn
印　　刷　天津藝嘉印刷科技有限公司
版　　次　2023年12月第1版
　　　　　2023年12月第1次印刷
規　　格　開本787×1092毫米　1/16
　　　　　印張87
國際書號　ISBN 978-7-101-16280-6
定　　價　960.00元

學術顧問（按姓氏筆畫排序）

安平秋　李　岩　吴　格
袁行霈　張志清　葛劍雄
樓宇烈

編纂工作指導委員會

主　　任　盛閱春（二〇二二年九月至二〇二三年一月在任）
　　　　　温　暖　施惠芳　肖啓明　熊遠明

第一副主任　丁如興

副 主 任　陳偉軍　汪俊昌　馮建榮

成　　員（按姓氏筆畫排序）
　　　　　王静静　朱全紅　沈志江　金水法　俞正英
　　　　　胡華良　茹福軍　徐　軍　陳　豪　黄旭榮
　　　　　裘建勇　樓　芳　魯霞光　魏建東

編纂委員會

主　　編　馮建榮

副 主 編　黄錫雲　尹　濤　王静静　李聖華　陳紅彦

委　　員（按姓氏筆畫排序）

王静静　尹　濤　那　艶　李聖華　俞國林

陳紅彦　陳　誼　許旭虹　馮建榮　葉　卿

黄錫雲　黄顯功　楊水土

史部主編　黄錫雲　許旭虹

序

紹興是國務院公布的首批中國歷史文化名城，是中華文明的多點起源地之一和越文化的發祥、壯大之地。從嵊州小黄山遺址迄今，已有一萬多年的文化史；從大禹治水迄今，已有四千多年的文明史；從越國築句踐小城和山陰大城迄今，已有兩千五百多年的建城史。建炎四年（一一三〇），宋高宗駐蹕越州，取義「紹奕世之宏庥，興百年之丕緒」，次年改元紹興，賜名紹興府，領會稽、山陰、蕭山、諸暨、餘姚、上虞、嵊、新昌等八縣。元改紹興路，明初復爲紹興府，清沿之。

紹興坐陸面海，嶽峙川流，風光綺麗，物產富饒，民風淳樸，士如過江之鯽，彬彬稱盛。春秋末越國有「八大夫」佐助越王卧薪嘗膽，力行「五政」，崛起東南，威續戰國，四分天下有其一，成就越文化的第一次輝煌。秦漢一統後，越文化從尚武漸變崇文。晋室東渡，北方士族大批南遷，王、謝諸大家紛紛遷居於此，一時人物之盛，雲蒸霞蔚，學術與文學之盛冠於江左，給越文化注入了新的活力。唐時的越州是詩人行旅歌詠之地，形成一條江南唐詩之路。至宋代，尤其是宋室南遷後，越中理學繁榮，文學昌盛，領一時之先。明代陽明心學崛起，這一時期的越文化，宣導致良知、知行合一，重於事功，伴隨而來的是越中詩文、書畫、戲曲的興盛。明清易代，有劉宗周等履忠蹈義，慷慨赴死，亦有黄宗羲率其門人，讀書窮經，關注世用，成其梨洲一派。至清中葉，會稽章學誠等人紹承梨洲之學而開浙東史學之新局。晚清至現代，越中知識分子心懷天下，秉持先賢「膽劍精神」，再次站在歷史變革的潮頭，蔡元培、魯迅等人「開拓越學」，使紹興成爲新文化運動和新民主主義革命的重要陣地。越文化兼容並包，與時偕變，勇於創新，隨着中國社會歷史的變遷，無論其内涵和特質發生何種變化，均以其獨特、强盛的生命力，推動了中華文明的發展。

文獻典籍承載着廣博厚重的精神財富、生生不息的歷史文脉。紹興典籍之富，甲於東南，號爲文獻之邦。從兩漢到魏晋再至近現代，紹興人留下了浩如煙海、綿延不斷的文獻典籍。陳橋驛先生在《紹興地方文獻考録·前言》中説：「紹興是我國歷史上地方文獻最豐富的地方之一。」有我國地方志的開山之作《越絶書》，有唯物主義的哲學巨著《論衡》，有書法藝術和文學價值均登峰造極的《蘭亭集序》，有詩爲「中興之冠」的陸游《劍南詩稿》，有輯録陽明心學精義的儒學著作《傳習録》等，這些文獻，不僅對紹興一地具有重要價值，對浙江乃至全國來説，也有深遠意義。

紹興藏書文化源遠流長。歷史上的藏書家多達百位，知名藏書樓不下三十座，其中以澹生堂最爲著名，藏書十萬餘卷。近現代，紹興又首開國内公共圖書館之先河。光緒二十六年（一九〇〇），紹興鄉紳徐樹蘭獨力捐銀三萬餘兩，圖書七萬餘卷，創辦國内首個公共圖書館——古越藏書樓。越中多名士，自也與藏書聚書風氣有關。

習近平總書記强調，「我們要加强考古工作和歷史研究，讓收藏在博物館裏的文物、陳列在廣闊大地上的遺産、書寫在古籍裏的文字都活起來，豐富全社會歷史文化滋養」。黨的十八大以來，黨中央站在實現中華民族偉大復興的高度，對傳承和弘揚中華優秀傳統文化作出一系列重大決策部署。中共中央辦公廳、國務院辦公廳二〇一七年一月印發了《關於實施中華優秀傳統文化傳承發展工程的意見》，二〇二二年四月又印發了《關於推進新時代古籍工作的意見》。

盛世修典，是中華民族的優秀傳統，是國家昌盛的重要象徵。近年來，紹興地方文獻典籍的利用呈現出多層次、多方位探索的局面，從文史界到全社會都在醞釀進一步保護、整理、開發、利用紹興歷史文獻的措施，形成了廣泛共識。中共紹興市委、市政府深入學習貫徹習近平總書記重要指示精神，積極響應國家重大戰略部署，以提振紹興人文氣運的文化自覺和存續一方文脉的歷史擔當，作出了編纂出版《紹興大典》的重大決定，計劃用十年時間，系統、全面、客觀梳理紹興文化傳承脉絡，收集、整理、編纂、出版紹興地方歷史文獻。二〇二二年十月，中共紹興市委辦公室、紹興市人民政府辦公室印發《關於〈紹興大典〉編纂出版工作實施方案的通知》。自此，《紹興大典》編纂出版各項工作開始有序推進。

百餘年前，魯迅先生提出「開拓越學，俾其曼衍，至於無疆」的願景，今天，我們繼先賢之志，實施紹興歷史上前無古人的文化工程，希冀通過《紹興大典》的編纂出版，從浩瀚的紹興典籍中尋找歷史印記，從豐富的紹興文化中挖掘鮮活資源，從悠遠的紹興歷史中把握發展脉絡，古爲今用，繼往開來，爲新時代「文化紹興」建設注入强大動力。我們將懷敬畏之心，以古人「三不朽」的立德修身要求，爲紹興這座中國歷史文化名城和「東亞文化之都」立傳畫像，爲全世界紹興人築就恒久的精神家園。

是爲序。

温暖

二〇二三年十月

前言

越國故地，是中華文明的重要起源地，中華優秀傳統文化的重要貢獻地，中華文獻典籍的重要誕生地。紹興，是越國古都，國務院公布的第一批歷史文化名城。編纂出版《紹興大典》，是綿延中華文獻之大計，弘揚中華文化之良策，傳承中華文明之壯舉。

一

紹興有源遠流長的文明，是中華文明的縮影。

中國有百萬年的人類史，一萬年的文化史，五千多年的文明史。中華文明，是中華民族長期實踐的積累，集體智慧的結晶，不斷發展的產物。各個民族，各個地方，都爲中華文明作出了自己獨具特色的貢獻。紹興人同樣爲中華文明的起源與發展，作出了自己傑出的貢獻。

現代考古發掘表明，早在約十六萬年前，於越先民便已經在今天的紹興大地上繁衍生息。二〇一七年初，在嵊州崇仁安江村蘭山廟附近，出土了於越先民約十六萬年前使用過的打製石器[一]。這是曹娥江流域首次發現的舊石器遺存，爲探究這一地區中更新世晚期至晚更新世早期的人類活動、

[一] 陸瑩等撰《浙江蘭山廟舊石器遺址網紋紅土釋光測年》，《地理學報》英文版，二〇二〇年第九期，第一四三六至一四五〇頁。

華南地區與現代人起源的關係、小黄山遺址的源頭等提供了重要綫索。

距今約一萬至八千年的嵊州小黄山遺址〔一〕，於二〇〇六年與上山遺址一起，被命名爲上山文化。該遺址中的四個重大發現，引人矚目：一是水稻實物的穀粒印痕遺存，以及儲藏坑、鐮形器、石磨棒、石磨盤等稻米儲存空間與收割、加工工具的遺存；二是種類與器型衆多的夾砂、夾炭、夾灰紅衣陶與黑陶等遺存；三是我國迄今發現的最早的立柱建築遺存，以及石杵立柱遺存；四是我國新石器時代遺址中迄今發現的最早的石雕人首。

蕭山跨湖橋遺址出土的山茶種實，表明於越先民在八千多年前已開始對茶樹及茶的利用與探索〔二〕。距今約六千年前的餘姚田螺山遺址發現的山茶屬茶樹根遺存，有規則地分布在聚落房屋附近，特別是其中出土了一把與現今茶壺頗爲相似的陶壺，表明那時的於越先民已經在有意識地種茶用茶了〔三〕。

對美好生活的嚮往無止境，創新便無止境。於越先民在一萬年前燒製出世界上最早的彩陶的基礎上〔四〕，經過數千年的探索實踐，終於在夏商之際，燒製出了人類歷史上最早的原始瓷〔五〕；繼而又在東漢時，燒製出了人類歷史上最早的成熟瓷。現代考古發掘表明，漢時越地的窑址，僅曹娥江兩岸的上虞，就多達六十一處〔六〕。

中國是目前發現早期稻作遺址最多的國家，是世界上最早發現和利用茶樹的國家，更是瓷器的故

〔一〕浙江省文物考古研究所編《上山文化：發現與記述》，文物出版社二〇一六年版，第七一頁。
〔二〕浙江省文物考古研究所、蕭山博物館編《跨湖橋》，文物出版社二〇〇四年版，彩版四五。
〔三〕北京大學中國考古學研究中心、浙江省文物考古研究所編《田螺山遺址自然遺存綜合研究》，文物出版社二〇一一年版，第一一七頁。
〔四〕孫瀚龍、趙曄著《浙江史前陶器》，浙江人民出版社二〇二二年版，第三頁。
〔五〕鄭建華、謝西營、張馨月著《浙江古代青瓷》，浙江人民出版社二〇二二年版，上册，第四頁。
〔六〕宋建明主編《早期越窑——上虞歷史文化的豐碑》，中國書店二〇一四年版，第二四頁。

鄉。《（嘉泰）會稽志》卷十七記載「會稽之産稻之美者，凡五十六種」，稻作文明的進步又直接促成了紹興釀酒業的發展。同卷又單列「日鑄茶」一條，釋曰「日鑄嶺在會稽縣東南五十五里，嶺下有僧寺名資壽，其陽坡名油車，朝暮常有日，産茶絶奇，故謂之日鑄」。可見紹興歷史上物質文明之發達，真可謂「天下無儔」。

二

紹興有博大精深的文化，是中華文化的縮影。

文化是一條源遠流長的河，流過昨天，流到今天，還要流向明天。悠悠萬事若曇花一現，唯有文化與日月同輝。

大量的歷史文獻與遺址古迹表明，四千多年前，大禹與紹興結下了不解之緣。大禹治平天下之水，漸九川，定九州，至於諸夏乂安，《史記·夏本紀》載：「禹會諸侯江南，計功而崩，因葬焉，命曰會稽。會稽者，會計也。」裴駰注引《皇覽》曰：「禹冢在山陰縣會稽山上。會稽山本名苗山，在縣南，去縣七里。」《（嘉泰）會稽志》卷六「大禹陵」：「禹巡守江南，上苗山，會稽諸侯，死而葬焉。……劉向書云：禹葬會稽，不改其列，謂不改林木百物之列也。苗山自禹葬後，更名會稽。是山之東，有隴隱若劍脊，西嚮而下，下有窆石，或云此正葬處。」另外，大禹在以會稽山爲中心的越地，還有一系列重大事迹的記載，包括娶妻塗山、得書宛委、畢功了溪、誅殺防風、禪祭會稽、築治邑室等。

以至越王句踐，「其先禹之苗裔，而夏后帝少康之庶子也，封於會稽，以奉守禹之祀」（《史記·越王句踐世家》）。句踐的功績，集中體現在他一系列的改革舉措以及由此而致的强國大業上。

他創造了「法天象地」這一中國古代都城選址與布局的成功範例，奠定了近一個半世紀越國號稱天下强國的基礎，造就了紹興發展史上的第一個高峰，更實現了東周以來中國東部沿海地區暨長江下游地區的首次一體化，讓人們在數百年的分裂戰亂當中，依稀看到了一統天下的希望，爲後來秦始皇統一中國，建立真正大一統的中央政權，進行了區域性的準備。因此，司馬遷稱：「苗裔句踐，苦身焦思，終滅强吴，北觀兵中國，以尊周室，號稱霸王。句踐可不謂賢哉！蓋有禹之遺烈焉。」

千百年來，紹興涌現出了諸多譽滿海内、雄稱天下的思想家，他們的著述世不絶傳、遺澤至今，他們的思想卓犖英發、光彩奪目。哲學領域，聚諸子之精髓，啓後世之思想。政治領域，以家國之情懷，革社會之弊病。經濟領域，重生民之生業，謀民生之大計。教育領域，育天下之英才，啓時代之新風。史學領域，創史志之新例，傳千年之文脉。

紹興是中國古典詩歌藝術的寶庫。四言詩《候人歌》被稱爲「南音之始」。於越《彈歌》是我國文學史上僅存的二言詩。《越人歌》是越地的第一首情歌、中國的第一首譯詩。山水詩的鼻祖，是上虞人謝靈運。唐代，這裏涌現出了賀知章等三十多位著名詩人。宋元時，這裏出了别開詩歌藝術天地的陸游、王冕、楊維楨。

紹興是中國傳統書法藝術的故鄉。鳥蟲書與《會稽刻石》中的小篆，影響深遠。中國的文字成爲藝術品之習尚；文字由書寫轉向書法，是從越人的鳥蟲書開始的。而自王羲之《蘭亭序》之後，紹興更是成爲中國書法藝術的聖地。翰墨碑刻，代有名家精品。

紹興是中國古代繪畫藝術的重鎮。世界上最早彩陶的燒製，展現了越人的審美情趣。「文身斷髮」與「鳥蟲書」，實現了藝術與生活最原始的結合。戴逵與戴顒父子、僧仲仁、王冕、徐渭、陳洪綬、趙之謙、任熊、任伯年等在中國繪畫史上有開宗立派的地位。

一九一二年一月，魯迅爲紹興《越鐸日報》創刊號所作發刊詞中寫道：「於越故稱無敵於天下，海岳精液，善生俊異，後先絡繹，展其殊才；其民復存大禹卓苦勤勞之風，同句踐堅確慷慨之志，力作治生，綽然足以自理。」可見，紹興自古便是中華文化的重要發源地與傳承地，紹興人更是世代流淌着「卓苦勤勞」「堅確慷慨」的精神血脉。

三

紹興有琳琅滿目的文獻，是中華文獻的縮影。

自有文字以來，文獻典籍便成了人類文明與人類文化的基本載體。紹興地方文獻同樣爲中華文明與中華文化的傳承發展，作出了傑出的貢獻。

中華文明之所以成爲世界上唯一没有中斷、綿延至今、益發輝煌的文明，在於因文字的綿延不絶而致的文獻的源遠流長、浩如煙海。中華文化之所以成爲中華民族有别於世界上其他任何民族的顯著特徵並流傳到今天，靠的是中華兒女一代又一代的言傳身教、口口相傳，更靠的是文獻典籍一代又一代的忠實書寫、守望相傳。

無數的甲骨、簡牘、古籍、拓片等中華文獻，無不昭示着中華文明的光輝燦爛、欣欣向榮，無不昭示着中華文化的廣博淵綜、蒸蒸日上。它們既是中華文明與中華文化的基本載體，又是中華文明與中華文化的重要組成部分，是十分重要的物質文化遺産。

紹興地方文獻作爲中華文獻重要的組成部分，積澱極其豐厚，特色十分明顯。

（一）文獻體系完備

紹興的文獻典籍根基深厚，載體體系完備，大體經歷了四個階段的歷史演變。

一是以刻符、紋樣、器型爲主的史前時代。代表性的，有作爲上山文化的小黄山遺址中出土的彩陶上的刻符、印紋、圖案等。

二是以金石文字爲主的銘刻時代。代表性的，有越國時期玉器與青銅劍上的鳥蟲書等銘文、秦《會稽刻石》、漢「大吉」摩崖、漢魏六朝時的會稽磚甓銘文與會稽青銅鏡銘文等。

三是以雕版印刷爲主的版刻時代。代表性的，有中唐時期越州刊刻的元稹、白居易的詩集。唐長慶四年（八二四），浙東觀察使兼越州刺史元稹，在爲時任杭州刺史的好友白居易《白氏長慶集》所作的序言中寫道：「揚、越間多作書模勒樂天及予雜詩，賣於市肆之中也。」這是有關中國刊印書籍的最早記載之一，説明越地開創了「模勒」這一雕版印刷的風氣之先。宋時，兩浙路茶鹽司等機關和紹興府、紹興府學等，競相刻書，版刻業快速繁榮，紹興成爲兩浙乃至全國的重要刻書地，所刻之書多稱「越本」「越州本」。明代，紹興刊刻呈現出了官書刻印多、鄉賢先哲著作和地方文獻多、私家刻印特色叢書多的特點。清代至民國，紹興整理、刊刻古籍叢書成風，趙之謙、平步青、徐友蘭、章壽康、羅振玉等，均有大量輯刊，蔡元培早年應聘於徐家校書達四年之久。

四是以機器印刷爲主的近代出版時期。這一時期呈現出傳統技術與西方新技術並存、傳統出版物與維新圖强讀物並存的特點。代表性的出版機構，在紹興的有徐友蘭於一八六二年創辦的墨潤堂等。另外，吴隱於一九〇四年參與創辦了西泠印社；紹興人沈知方於一九一二年參與創辦了中華書局，還於一九一七年創辦了世界書局。代表性的期刊，有羅振玉於一八九七年在上海創辦的《農學報》，杜亞泉於一九〇一年在上海創辦的《普通學報》，羅振玉於一九〇一年在上海發起、王國維主筆的《教育世界》，杜亞泉等於一九〇二年在上海編輯的《中外算報》，秋瑾於一九〇七年在上海創辦的《中國女報》等。代表性的報紙，有蔡元培於一九〇三年在上海創辦的《俄事警聞》等。

紹興文獻典籍的這四個演進階段，既相互承接，又各具特色，充分彰顯了走在歷史前列、引領時代潮流的特徵，總體上呈現出了載體越來越多元、内涵越來越豐富、傳播越來越廣泛、對社會生活的影響越來越深遠的歷史趨勢。

（二）藏書聲聞華夏

紹興歷史上刻書多，便爲藏書提供了前提條件，因而藏書也多。大禹曾「登宛委山，發金簡之書，案金簡玉字，得通水之理」（《吴越春秋》卷六），還「巡狩大越，見耆老，納詩書」（《越絶書》卷八），這是紹興有關采集收藏圖書的最早記載。句踐曾修築「石室」藏書，「晝書不倦，晦誦竟旦」（《越絶書》卷十二）。

造紙術與印刷術的發明和推廣，使得書籍可以成批刷印，爲藏書提供了極大便利。王充得益於藏書資料，寫出了不朽的《論衡》。南朝梁時，山陰人孔休源「聚書盈七千卷，手自校治」（《梁書·孔休源傳》），成爲紹興歷史上第一位有明文記載的藏書家。唐代時，越州出現了集刻書、藏書、讀書於一體的書院。五代十國時，南唐會稽人徐鍇精於校勘，雅好藏書，「江南藏書之盛，爲天下冠，鍇力居多」（《南唐書·徐鍇傳》）。

宋代雕版印刷術日趨成熟，爲書籍的化身千百與大規模印製創造了有利條件，也爲藏書提供了更多來源。特别是宋室南渡、越州升爲紹興府後，更是出現了以陸氏、石氏、李氏、諸葛氏等爲代表的藏書世家。陸游曾作《書巢記》，稱「吾室之内，或棲於櫝，或陳於前，或枕藉於床，俯仰四顧，無非書者」。《（嘉泰）會稽志》中專設《藏書》一目，説明了當時藏書之風的盛行。元時，楊維楨「積書數萬卷」（《鐵笛道人自傳》）。

明代藏書業大發展，出現了鈕石溪的世學樓等著名藏書樓。其中影響最大的藏書家族，當數山陰祁氏；影響最大的藏書樓，當數祁承㸁創辦的澹生堂，至其子彪佳時，藏書達三萬多卷。

清代是紹興藏書業的鼎盛時期，有史可稽者凡二十六家，諸如章學誠、李慈銘、陶濬宣等。上虞王望霖建天香樓，藏書萬餘卷，尤以藏書家之墨迹與鈎摹鐫石聞名。徐樹蘭創辦的古越藏書樓，以存古開新爲宗旨，以資人觀覽爲初心，成爲中國近代第一家公共圖書館。

民國時，代表性的紹興藏書家與藏書樓有：羅振玉的大雲書庫、徐維則的初學草堂、蔡元培創辦的養新書藏、王子餘開設的萬卷書樓、魯迅先生讀過書的三味書屋等。

根據二〇一六年完成的古籍普查結果，紹興全市十家公藏單位，共藏有一九一二年以前産生的中國傳統裝幀書籍與民國時期的傳統裝幀書籍三萬九千七百七十七種、二十二萬六千一百二十五册，分别占了浙江省三十三萬七千四百零五種的百分之十一點七九、二百五十萬六千六百三十三册的百分之九點零二。這些館藏的文獻典籍，有不少屬於名人名著，其中包括在别處難得見到的珍稀文獻。這是紹興這個地靈人傑的文獻名邦確實不同凡響的重要見證。

一部紹興的藏書史，其實也是一部紹興人的讀書、用書、著書史。歷史上的紹興，刻書、藏書、讀書、用書、著書，良性循環，互相促進，成爲中國文化史上一道亮麗的風景。

（三）著述豐富多彩

紹興自古以來，論道立説、卓然成家者代見輩出，創意立言、名動天下者繼踵接武，歷朝皆有傳世之作，各代俱見槃槃之著。這些文獻，不僅對紹興一地有重要價值，而且也是浙江文化乃至中國古代文化的重要組成部分。

一是著述之風，遍及各界。越人的創作著述，文學之士自不待言，爲政、從軍、業賈者亦多喜筆耕，屢有不刊之著。甚至於鄉野市井之口頭創作、謡歌俚曲，亦代代敷演，蔚爲大觀，其中更是多有内蘊厚重、哲理深刻、色彩斑斕之精品，遠非下里巴人，足稱陽春白雪。

二是著述整理，尤爲重視。越人的著述，包括對越中文獻乃至我國古代文獻的整理。宋孔延之的《會稽掇英總集》，清杜春生的《越中金石記》，近代魯迅的《會稽郡故書雜集》等，都是收輯整理地方文獻的重要成果。陳橋驛所著《紹興地方文獻考録》，是另一種形式的著述整理，其中考録一九四九年前紹興地方文獻一千二百餘種。清代康熙年間，紹興府山陰縣吴楚材、吴調侯叔侄選編的《古文觀止》，自問世以來，一直是古文啓蒙的必備書，也深受古文愛好者的推崇。

三是著述領域，相涉廣泛。越人的著述，涉及諸多領域。其中古代以經、史與諸子百家研核之作爲多，且基本上涵蓋了經、史、子、集的各個分類，近現代以文藝創作爲多，當代則以科學研究論著爲多。這也體現了越中賢傑經世致用、與時俱進的家國情懷。

四

盛世修典，承古啓新，以「紹興」之名，行紹興之實。

紹興這個名字，源自宋高宗的升越州爲府，並冠以年號，時在紹興元年（一一三一）的十月廿六日。這是對這座城市傳統的畫龍點睛。紹興這兩個字合在一起，蘊含的正是承繼前業而壯大之、開創未來而昌興之的意思。數往而知來，今天的紹興人正賦予這座城市、這個名字以新的意蘊，那就是繼承中華優秀傳統文化，建設中華民族現代文明，爲實現中華民族偉大復興，作出自己新的更大的貢獻。

編纂出版《紹興大典》，正是紹興地方黨委、政府文化自信、文化自覺的體現，是集思廣益、精心實施的德政，是承前啓後、繼往開來的偉業。

（一）科學的決策

《紹興大典》的編纂出版，堪稱黨委、政府科學決策的典範。二〇二〇年十二月十一日，中共紹興市委八屆九次全體（擴大）會議審議通過了關於紹興市「十四五」規劃和二〇三五年遠景目標的建議，其中首次提出要啓動《紹興大典》的編纂出版工作。

二〇二一年二月五日，紹興市第八屆人民代表大會第六次會議批准了市政府根據市委建議編製的紹興市「十四五」規劃和二〇三五年遠景目標綱要，其中又專門寫到要啓動《紹興大典》的編纂出版工作。二月八日，紹興市人民政府正式印發了這個重要文件。

二〇二二年二月二十八日的中共紹興市第九次代表大會市委工作報告與三月三十日的紹興市九届人大一次會議政府工作報告，均對編纂出版《紹興大典》提出了要求。

二〇二二年九月十五日，紹興市人民政府第十一次常務會議專題聽取了《〈紹興大典〉編纂出版工作實施方案》起草情況的匯報，決定根據討論意見對實施意見進行修改完善後，提交市委常委會議審議。九月十六日，中共紹興市委九届二十次常委會議專題聽取《〈紹興大典〉編纂出版工作實施方案》起草情況的匯報，並進行了討論，決定批准這個方案。十月十日，中共紹興市委辦公室、紹興市人民政府辦公室正式印發了《〈紹興大典〉編纂出版工作實施方案》。

（二）嚴謹的體例

在中共紹興市委、紹興市人民政府研究批准的實施方案中，《紹興大典》編纂出版的各項相關事宜，均得以明確。

一是主要目標。系統、全面、客觀梳理紹興文化傳承脉絡，收集、整理、編纂、研究、出版紹興地方文獻，使《紹興大典》成爲全國鄉邦文獻整理編纂出版的典範和紹興文化史上的豐碑，爲努力打造「文獻保護名邦」「文史研究重鎮」「文化轉化高地」三張紹興文化的金名片作出貢獻。

二是收録範圍。《紹興大典》收録的時間範圍爲：起自先秦時期，迄至一九四九年九月三十日，部分文獻酌情下延。地域範圍爲：今紹興市所轄之區、縣（市），兼及歷史上紹興府所轄之蕭山、餘姚。內容範圍爲：紹興人的著述，域外人士有關紹興的著述，歷史上紹興刻印的古籍善本和紹興收藏的珍稀古籍善本。

三是編纂方法。對所録文獻典籍，按經、史、子、集和叢五部分類方法編纂出版。

根據實施方案明確的時間安排與階段劃分，在具體編纂工作中，采用先易後難、先急後緩，邊編纂出版、邊深入摸底的方法。即先編纂出版情況明瞭、現實急需的典籍，與此同時，對面上的典籍情況進行深入的摸底調查。這樣的方法，既可以用最快的速度出書，以滿足保護之需、利用之需，又可以爲一些難題的破解爭取時間；既可以充分發揮我國實力最强的專業古籍出版社中華書局的編輯出版優勢，又可以充分借助與紹興相關的典籍一半以上收藏於我國古代典籍收藏最爲宏富的國家圖書館的優勢。這是最大限度地避免時間與經費上的重複浪費的方法，也是地方文獻編纂出版工作方法上的創新。

另外，還將適時延伸出版《紹興大典·要籍點校叢刊》《紹興大典·文獻研究叢書》《紹興大典·善本影真叢覽》等。

（三）非凡的意義

正如紹興的文獻典籍在中華文獻典籍史上具有重要的影響那樣，編纂出版《紹興大典》的意義，同樣也是非同尋常的。

一是編纂出版《紹興大典》，對於文獻典籍的更好保護——活下來，具有非同尋常的意義。歷史上的文獻典籍，是中華文明歷經滄桑留下的最寶貴的東西。然而，這些瑰寶或因天災人禍，或因自然老化，或因使用過度，或因其他緣故，有不少已經處於岌岌可危甚至奄奄一息的境況。

編纂出版《紹興大典》，可以爲系統修復、深度整理這些珍貴的古籍争取時間；可以最大限度呈現底本的原貌，緩解藏用的矛盾，更好地方便閱讀與研究。這是文獻典籍眼下的當務之急，最好的續命之舉。

二是編纂出版《紹興大典》，對於文獻典籍的更好利用——活起來，具有非同尋常的意義。歷史上的文獻典籍，流傳到今天，實屬不易，殊爲難得。它們雖然大多保存完好，其中不少還是善本，但分散藏於公私，積久塵封，世人難見；也有的已成孤本，或至今未曾刊印，僅有稿本、抄本，秘不示人，無法查閱。

編纂出版《紹興大典》，將穿越千年的文獻、深庋密鎖的秘藏、散落全球的珍寶匯聚起來，化身萬千，走向社會，走近讀者，走進生活，既可防它們失傳之虞，又可使它們嘉惠學林，也可使它們古爲今用，文旅融合，還可使它們延年益壽，推陳出新。這是於文獻典籍利用一本萬利、一舉多得的好事。

三是編纂出版《紹興大典》，對於文獻典籍的更好傳承——活下去，具有非同尋常的意義。歷史上的文獻典籍，能保存至今，是先賢們不惜代價，有的是不惜用生命爲代價换來的。對這些傳承至今的古籍本身，我們應當倍加珍惜。

編纂出版《紹興大典》，正是爲了述録先人的開拓，啓迪來者的奮鬥，使這些珍貴古籍世代相傳，使藴藏在這些珍貴古籍身上的中華優秀傳統文化世代相傳。這是中華文化創造性轉化、創新性發展的通途所在。

編纂出版《紹興大典》，是紹興文化發展史上的曠古偉業。編成後的《紹興大典》，將成爲全國範圍内的同類城市中，第一部收録最爲系統、内容最爲豐贍、品質最爲上乘的地方文獻集成。

紹興這個地方，古往今來，都在不懈超越。超乎尋常，追求卓越。超越自我，超越歷史。《紹興大典》的編纂出版，無疑會是紹興文化發展史上的又一次超越。

道阻且長，行則將至；行而不輟，成功可期。「後之視今，亦猶今之視昔」；「後之覽者，亦將有感於斯文」（《蘭亭集序》）。讓我們一起努力吧！

馮建榮

二〇二三年六月十日，星期六，成稿於寓所

二〇二三年中秋、國慶假期，校改於寓所

編纂説明

紹興古稱會稽，歷史悠久。

大禹治水，畢功了溪，計功今紹興城南之茅山（苗山），崩後葬此，此山始稱會稽，此地因名會稽，距今四千多年。

大禹第六代孫夏后少康封庶子無餘於會稽，以奉禹祀，號曰「於越」，此爲吾越得國之始。

《竹書紀年》載，成王二十四年，於越來賓。是亦此地史載之始。

距今兩千五百多年，越王句踐遷都築城於會稽山之北（今紹興老城區），是爲紹興建城之始，於今城不移址，海内罕有。

秦始皇滅六國，御海内，立郡縣，成定制。是地屬會稽郡，郡治爲吴縣，所轄大率吴越故地。東漢順帝永建四年（一二九），析浙江之北諸縣置吴郡，是爲吴越分治之始。會稽名仍其舊，郡治遷山陰。由隋至唐，會稽改稱越州，時有反復，至中唐後，「越州」遂爲定稱而至於宋。所轄時有增減，至五代後梁開平二年（九〇八），吴越析剡東十三鄉置新昌縣，自此，越州長期穩定轄領會稽、山陰、蕭山、諸暨、餘姚、上虞、嵊縣、新昌八邑。

建炎四年（一一三〇），宋高宗趙構駐蹕越州，取「紹奕世之宏庥，興百年之丕緒」之意，下詔從建炎五年正月改元紹興。紹興元年（一一三一）十月己丑升越州爲紹興府，斯地乃名紹興，沿用至今。

歷史的悠久，造就了紹興文化的發達。數千年來文化的發展、沉澱，又給紹興留下了燦爛的文化載體——鄉邦文獻。保存至今的紹興歷史文獻，有方志著作、家族史料、雜史輿圖、文人筆記、先賢文集、醫卜星相、碑刻墓誌、摩崖遺存、地名方言、檔案文書等不下三千種，可以説，凡有所録，應有盡有。這些文獻從不同角度記載了紹興的山川地理、風土人情、經濟發展、人物傳記、著述藝文等各個方面，成爲人們瞭解歷史、傳承文明、教育後人、建設社會的重要參考資料，其中許多著作不僅對紹興本地有重要價值，也是江浙文化乃至中華古代文化的重要組成部分。

紹興歷代文人對地方文獻的探尋、收集、整理、刊印等都非常重視，並作出過不朽的貢獻，陳橋驛先生就是代表性人物。正是在他的大力呼籲下，時任紹興縣政府主要領導作出了編纂出版《紹興叢書》的決策，爲今日《紹興大典》的編纂出版積累了經驗，奠定了基礎。

時至今日，爲貫徹落實習近平總書記系列重要講話精神，奮力打造新時代文化文明高地，重輝「文獻名邦」，中共紹興市委、市政府毅然作出編纂出版《紹興大典》的決策部署。延請全國著名學者樓宇烈、袁行霈、安平秋、葛劍雄、吴格、李岩、熊遠明、張志清諸先生參酌把關，與收藏紹興典籍最豐富的國家圖書館等各大圖書館以及專業古籍出版社中華書局展開深度合作，成立專門班子，精心規劃組織，扎實付諸實施。《紹興大典》是地方文獻的集大成之作，出版形式以紙質書籍爲主，同步開發建設數據庫。其基本内容，包括以下三方面：

一、《紹興大典》影印精裝本文獻大全。這方面内容囊括一九四九年前的紹興歷史文獻，收録的原則是「全面優」，也就是文獻求全收録；同一文獻比對版本優劣，收優斥劣。同時特別注重珍稀性、孤罕性、史料性。

《紹興大典》影印精裝本收録範圍：

時間範圍：起自先秦時期，迄至一九四九年九月三十日，部分文獻可酌情下延。

地域範圍：今紹興市所轄之區、縣（市），兼及歷史上紹興府所轄之蕭山、餘姚。

内容範圍：紹興人（本籍與寄籍紹興的人士、寄籍外地的紹籍人士）撰寫的著作，非紹興籍人士撰寫的與紹興相關的著作，歷史上紹興刻印的古籍珍本和紹興收藏的古籍珍本。

《紹興大典》影印精裝本編纂體例，以經、史、子、集、叢五部分類的方法，對收録範圍内的文獻，進行開放式收録，分類編輯，影印出版。五部之下，不分子目。

經部：主要收録經學（含小學）原創著作；經校勘校訂，校注校釋，疏、證、箋、解、章句等的經學名著；爲紹籍經學家所著經學著作而撰的著作，等等。

史部：主要收録紹興地方歷史書籍，重點是府縣志、家史、雜史等三個方面的歷史著作。

子部：主要收録專業類書，比如農學類、書畫類、醫卜星相類、儒釋道宗教類、陰陽五行類、傳奇類、小説類，等等。

集部：主要收録詩賦文詞曲總集、别集、專集，詩律詞譜，詩話詞話，南北曲韻，文論文評，等等。

叢部：主要收録不入以上四部的歷史文獻遺珍、歷史文物和歷史遺址圖録彙總、戲劇曲藝脚本、報章雜志、音像資料等。不收傳統叢部之文叢、彙編之類。

《紹興大典》影印精裝本在收録、整理、編纂出版上述文獻的基礎上，同時進行書目提要的撰寫，並細編索引，以起到提要鉤沉、方便實用的作用。

二、《紹興大典》點校研究及珍本彙編。主要是《紹興大典》影印精裝本的延伸項目，形成三個成果，即《紹興大典·要籍點校叢刊》《紹興大典·文獻研究叢書》《紹興大典·善本影真叢覽》三叢。選取影印出版文獻中的要籍，組織專家分專題開展點校等工作，排印出版《紹興大典·要籍點校叢刊》；及時向社會公布推出出版文獻書目，開展《紹興大典》收録文獻研究，分階段出版研究成果《紹興大典·文獻研究叢書》；選取品相完好、特色明顯、内容有益的優秀文獻，原版原樣綫裝影印出版《紹興大典·善本影真叢覽》。

三、《紹興大典》文獻數據庫。以《紹興大典》影印精裝本和《紹興大典·要籍點校叢刊》《紹興大典·文獻研究叢書》《紹興大典·善本影真叢覽》三叢爲基幹構建。同時收録大典編纂過程中所涉其他相關資料，未用之版本，書佚目存之書目等，動態推進。

《紹興大典》編纂完成後，應該是一部體系完善、分類合理、全優兼顧、提要鮮明、檢索方便的大型文獻集成，必將成爲地方文獻編纂的新範例，同時助力紹興打造完成「歷史文獻保護名邦」「地方文史研究重鎮」「區域文化轉化高地」三張文化金名片。

《紹興大典》在中共紹興市委、市政府領導下組成編纂工作指導委員會，組織實施並保障大典工程的順利推進，同時組成由紹興市爲主導、國家圖書館和中華書局爲主要骨幹力量、各地專家學者和圖書館人員爲輔助力量的編纂委員會，負責具體的編纂工作。

《紹興大典》編纂委員會

二〇二三年五月

史部編纂説明

紹興自古重視歷史記載，在現存數千種紹興歷史文獻中，史部著作占有極爲重要的位置。因其內容豐富、體裁多樣、官民兼撰的特點，成爲《紹興大典》五大部類之一，而别類專纂，彙簡成編。

按《紹興大典·編纂説明》規定：「以經、史、子、集、叢五部分類的方法，對收録範圍內的文獻，進行開放式收録，分類編輯，影印出版。五部之下，不分子目。」「史部：主要收録紹興地方歷史書籍，重點是府縣志、家史、雜史等三個方面的歷史著作。」

紹興素爲方志之鄉，纂修方志的歷史較爲悠久。據陳橋驛《紹興地方文獻考録》（浙江人民出版社，一九八三年版）統計，僅紹興地區方志類文獻就「多達一百四十餘種，目前尚存近一半」。在最近三十多年中，紹興又發現了不少歷史文獻，堪稱卷帙浩繁。

據《紹興大典》編纂委員會多方調查掌握的信息，府縣之中，既有最早的府志——南宋二志《（嘉泰）會稽志》和《（寶慶）會稽續志》，也有最早的縣志——宋嘉定《剡録》；既有耳熟能詳的《（萬曆）紹興府志》，也有海內孤本《（嘉靖）山陰縣志》；更有寥若晨星的《永樂大典》本《紹興府志》，等等。存世的紹興府縣志，明代纂修並存世的萬曆爲最多，清代纂修並存世的康熙爲最多。

家史資料是地方志的重要補充，紹興地區家史資料豐富，《紹興家譜總目提要》共收録紹興相關家譜資料三千六百七十九條，涉及一百七十七個姓氏。據二〇〇六年《紹興叢書》編委會對上海圖書館藏紹興文獻的調查，上海圖書館館藏的紹興家史譜牒資料有三百多種，據紹興圖書館最近提供的信息，其館藏譜牒資料有二百五十多種，一千三百七十八册。紹興人文薈萃，歷來重視繼承弘揚耕讀傳統，家族中尤以登科進仕者爲榮，每見累世科甲、甲第連雲之家族，如諸暨花亭五桂堂黄氏、山陰狀元坊張氏，等等。家族中每有中式，必進祠堂，祭祖宗，禮神祇，乃至重纂家乘。因此纂修家譜之風頗盛，聯宗聯譜，聲氣相通，呼應相求，以期相將相扶，百世其昌，因此留下了浩如煙海、簡册連編的家史譜牒資料。家史資料入典，將遵循「姓氏求全，譜目求全，譜牒求優」的原則遴選。

雜史部分是紹興歷史文獻中内容最豐富、形式最多樣、撰者最衆多、價值極珍貴的部分。記載的内容無比豐富，撰寫的體裁多種多樣，留存的形式面目各異。其中私修地方史著作，以東漢袁康、吴平所輯的《越絶書》及稍後趙曄的《吴越春秋》最具代表性，是紹興現存最早較爲系統完整的史著。

雜史部分的歷史文獻，有非官修的專業志、地方小志，如《三江所志》《倉帝廟志》《螭陽志》等；有以韻文形式撰寫的如《山居賦》《會稽三賦》等；有碑刻史料如《會稽刻石》《龍瑞宫刻石》等；有詩文游記如《沃洲雜詠》等；有珍貴的檔案史料如《明浙江紹興府諸暨縣魚鱗册》等；有名人日記如《祁忠敏公日記》《越縵堂日記》等；有綜合性的歷史著作如海内外孤本《越中雜識》等；也有鉤沉稽古的如《虞志稽遺》等。既有《救荒全書》《欽定浙江賦役全書》這樣專業的經濟史料，也有《越中八景圖》這樣的圖繪史料等。舉凡經濟、人物、教育、方言風物、名人日記等，應有盡有，不勝枚舉。尤以地理爲著，諸如山川風物、名勝古迹、水利關津、衛所武備、天文医卜等，莫不悉備。

這些歷史文獻，有的是官刻，有的是坊刻，有的是家刻。有特別珍貴的稿本、鈔本、寫本，也有珍稀孤罕首次面世的史料。由於《紹興大典》的編纂出版，這些文獻得以呈現在世人面前，俾世人充分深入地瞭解紹興豐富多彩的歷史文化。受編纂者學識見聞以及客觀條件之限制，難免有疏漏錯訛之處，祈望方家教正。

《紹興大典》編纂委員會

二〇二三年五月

康熙會稽縣志 二十八卷，首一卷

〔清〕吕化龍修，〔清〕董欽德纂

清康熙十二年（一六七三）刻本

影印説明

《（康熙）會稽縣志》二十八卷首一卷，清吕化龍修，清董欽德纂。清康熙十二年（一六七三）刻本，半葉九行行二十字，小字雙行同，白口，單魚尾，左右雙邊。原書版框尺寸高20.7釐米，寬15.1釐米。本志前有康熙十二年姜希轍序，姜希轍官中憲大夫奉天府府丞。目録葉有「開萬樓藏書印」朱文、「稽瑞樓」白文印記。

本書序第一葉原缺，未作補配。卷首「圖畫共二十六幅」中原缺第二十四、二十五兩葉，即雲門寺下半圖（左）、廣孝寺圖、顯聖寺上半圖（右）；卷二十八原缺第十七、十八（原書誤作十九）及董欽德「會稽縣志後跋」三葉；以上五葉，今據國家圖書館藏康熙二十八年（一六八九）遞修本《會稽縣志》補配。另，卷二十四第二十一葉原書頁碼重，内容連續；卷二十七依原書順序應爲「人物志六」，現誤標爲「人物志七」。

此次影印，以國家圖書館藏本爲底本。另據《中國地方志聯合目録》，天津圖書館、南京圖書館、浙江圖書館亦有收藏。

怨是非無人肯任之耶故公志之難不如私志之易宋景濂之浦陽人物記文章爾雅程敏政之新安文獻志考核精詳他如襄陽

者舊荊楚歲時吳地華陽不可枚舉以其無五者之累也唯會稽舊志出自張陽和徐文長兩先生可以儕諸四川平凉而無愧蓋

文長當王李盛焰之時，寧受推築，不肯一撒衣其門。故能立言不苟如此。今欲取其書而似續之，不亦戛戛乎其難哉！前邑侯姑屬

之張岱張文成諸子後未竣而去邑侯呂公屬董子欽德編輯成書俞子嘉謨相與參訂擿藻啓秀不可謂非其人矣此引商而彼

刻羽琴瑟不專婆娑乎術藝之塲不可謂之猥雜也舉其宏綱提其機要排奡之才難掩於行墨之間寧爲體格之所拘乎數子兼

愛好奇搜牛篋抄斷碣叅合眞假以繩舊業考索不遺餘力矣呂公之言曰耕衆議抒素心德怨置于不問孫樵所謂規避其間其

書可燒者亦旣不祀之矣
夫旣無五者之累則亦何
難比美于舊志乎雖然志
之爲用不徒以其文也觀
地形察土宜種蠡之所經

營錢董之相攻取呂珍之爲守禦斷隍殘壘歷歷在目西帶蘭亭晉人之風流未泯北聞潮汐乃天地之呼吸也南探禹穴而思夏

后氏之功東捫邯鄲之碑而知人性之皆善蒞其地者樹之風聲使農夫逸豫于疆畔女工吟詠于機杼則此志未必非筌蹄也

旨

康熙癸丑歲孟夏吉旦

順天府府丞前戶禮二科

掌印給事中邑人姜希

轍頓首撰

會稽縣志

脩志姓氏

知會稽縣事岡州呂化龍脩

會稽縣儒學教諭歷國子監典簿海寧沈象彝校

原任廣西桂林府知府慈谿王嗣臯

順天府府丞邑人姜希轍

原任江南道監察御史邑人王士驥

河南道監察御史邑人顧豹文

原任江南淮安府知府邑人董期生

原任江西廣信府同知邑人范　礽

原任江西吉安府永豐縣知縣邑人馮肇楠

康熙丁未科進士邑人邵懷棠同閱

山人　張　岱

生員　張文成

生員　董欽德分編

生員　傅文升

生員　陶頌昌分校

康熙壬子科副榜生員俞嘉謨參

會稽縣志目録

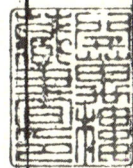

會稽縣志 目錄

會稽縣志目錄

會稽縣志目錄終

會稽縣志卷首

圖畫 共二十六幅

四境圖

黄堰巡司
瀝海所
舜山
百官渡
豐山
稷山
東至上虞縣界
曹娥江
東關驛
鳳凰山
梁湖渡
梅湖
銀山
蒿尖
鷄山
儲山
駐蹕嶺
東小江
石瓏山
南至嵊縣

三江所
蟶浦渡
土城山
賀家池
會稽縣
火微山
箬簀山
白塔洋
獨樹洋
龍尾山
鹿池山
葛山
霧連山
宋陵
石甕山
寶山
禹陵
赤堇山
會稽山
南鎮
天柱山
緱山
新婦尖
日鑄嶺
四境

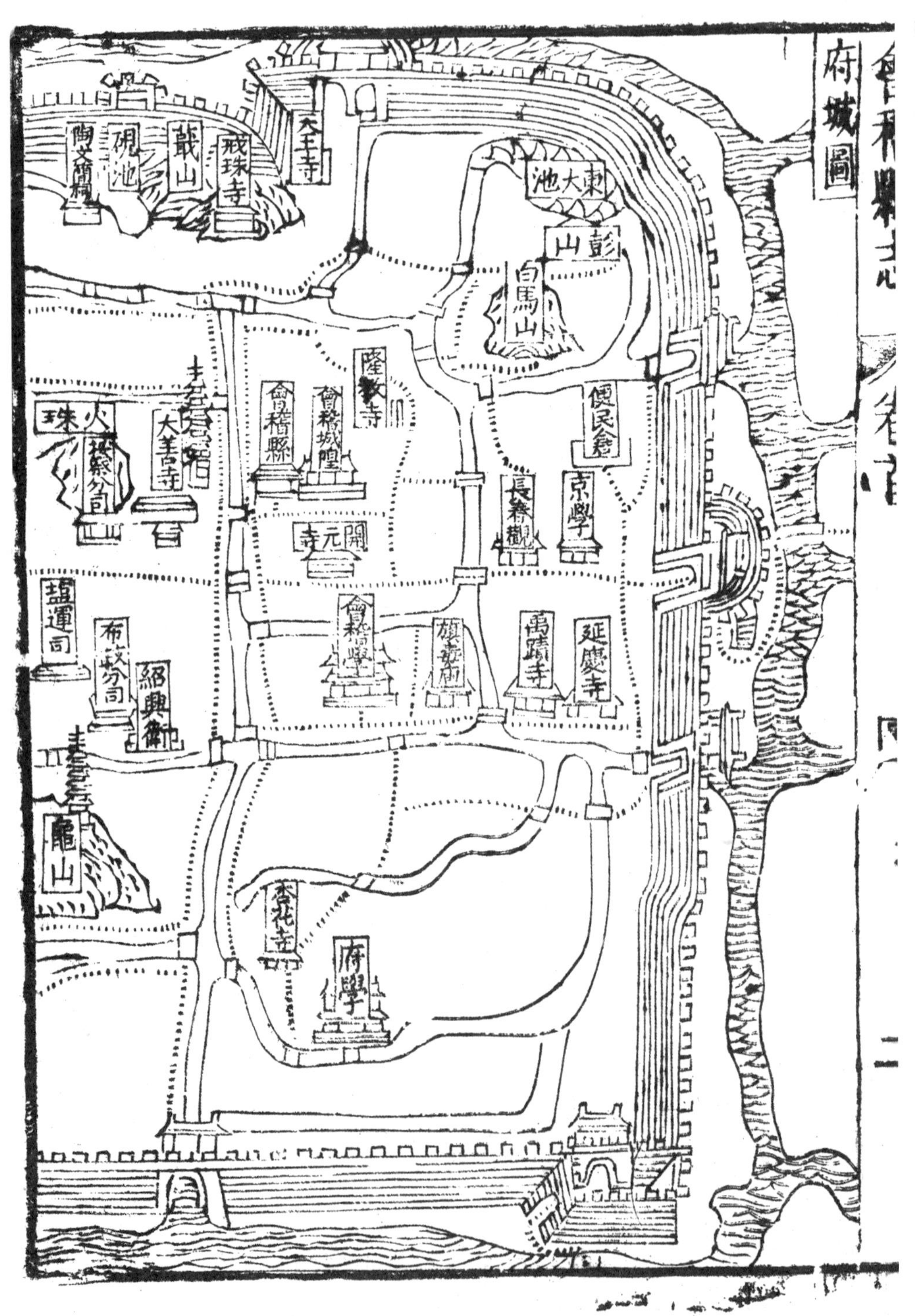
府城圖
戒珠寺
蕺山
硯池
東大池
彭山
白馬山
隆教寺
會稽縣
會稽城隍
便民倉
長春觀
火珠
大善寺
開元寺
鹽運司
布政分司
紹興衛
禹蹟寺
延慶寺
龜山
杏花寺
府學

會稽縣志　卷首

圖　府城

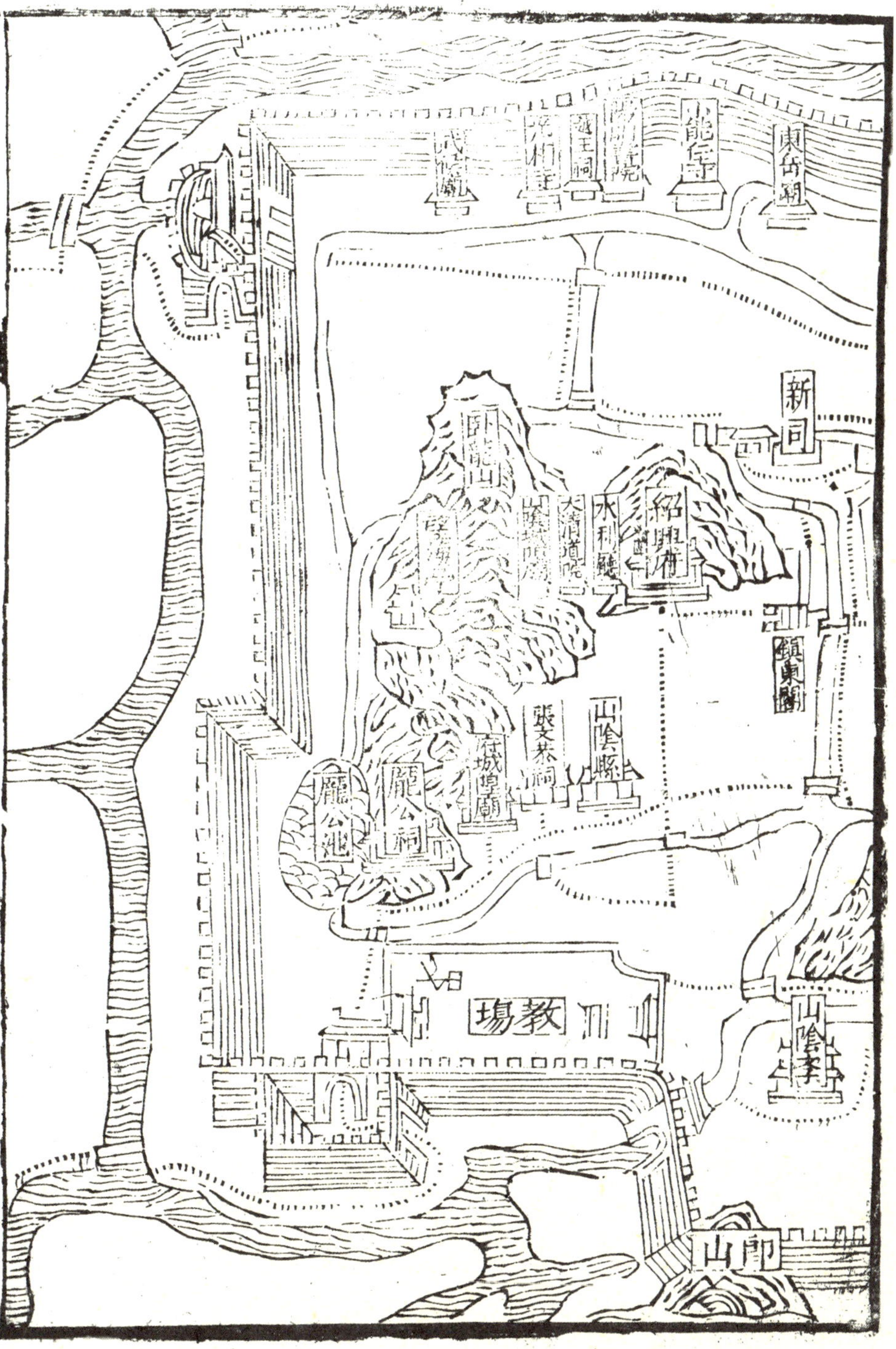

能仁寺
越王祠
東岳廟
臥龍山
望海亭
大清道院
水利廳
紹興府
鎮東閣
山陰縣
張文恭祠
府城隍廟
龍公祠
龐公池
教場
山陰學

三

瀝海所圖
祭風寺
烽候
瀝海所
荷花池
烽候

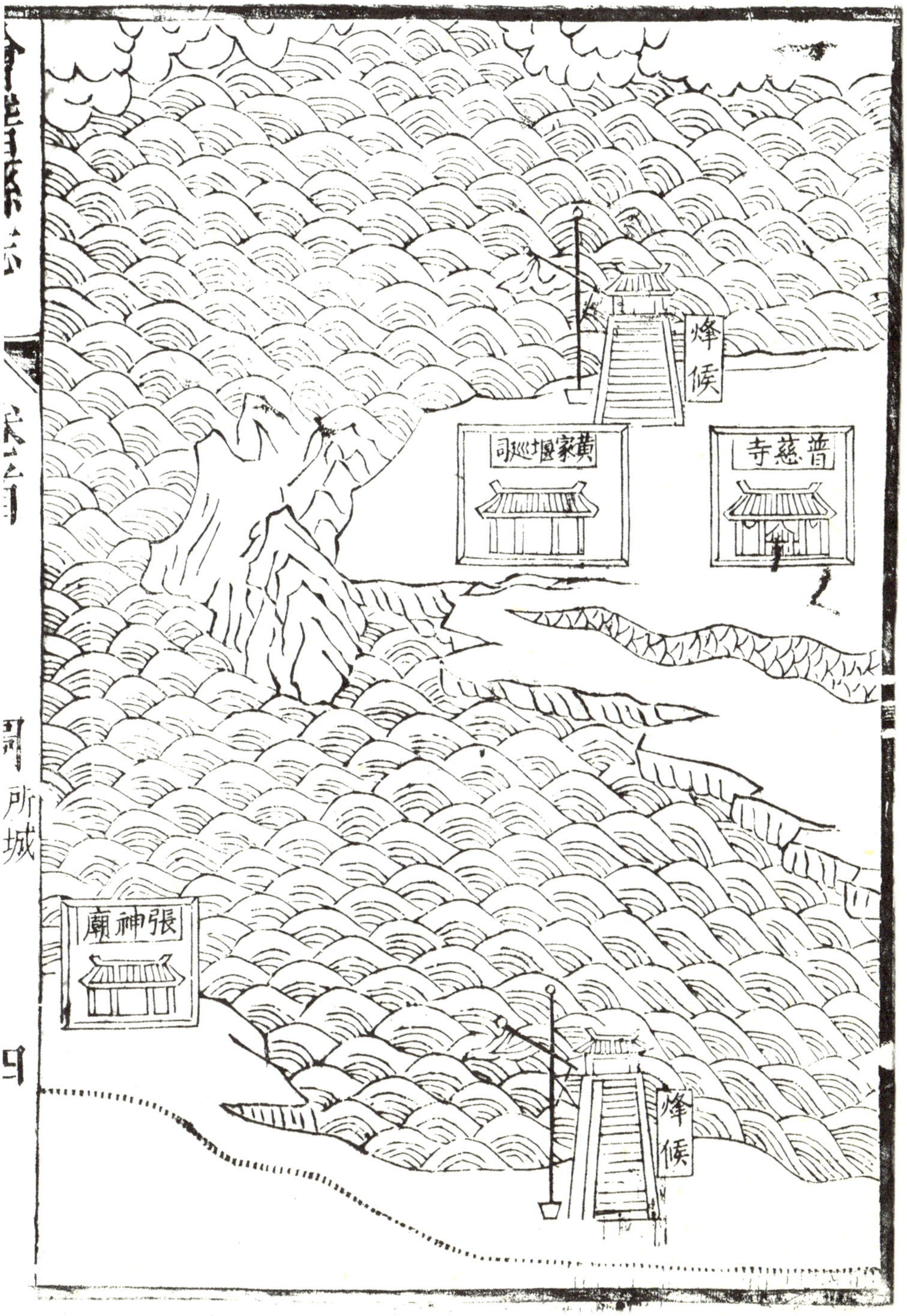

烽候

黃家堰巡司

普慈寺

張神廟

烽候

所城

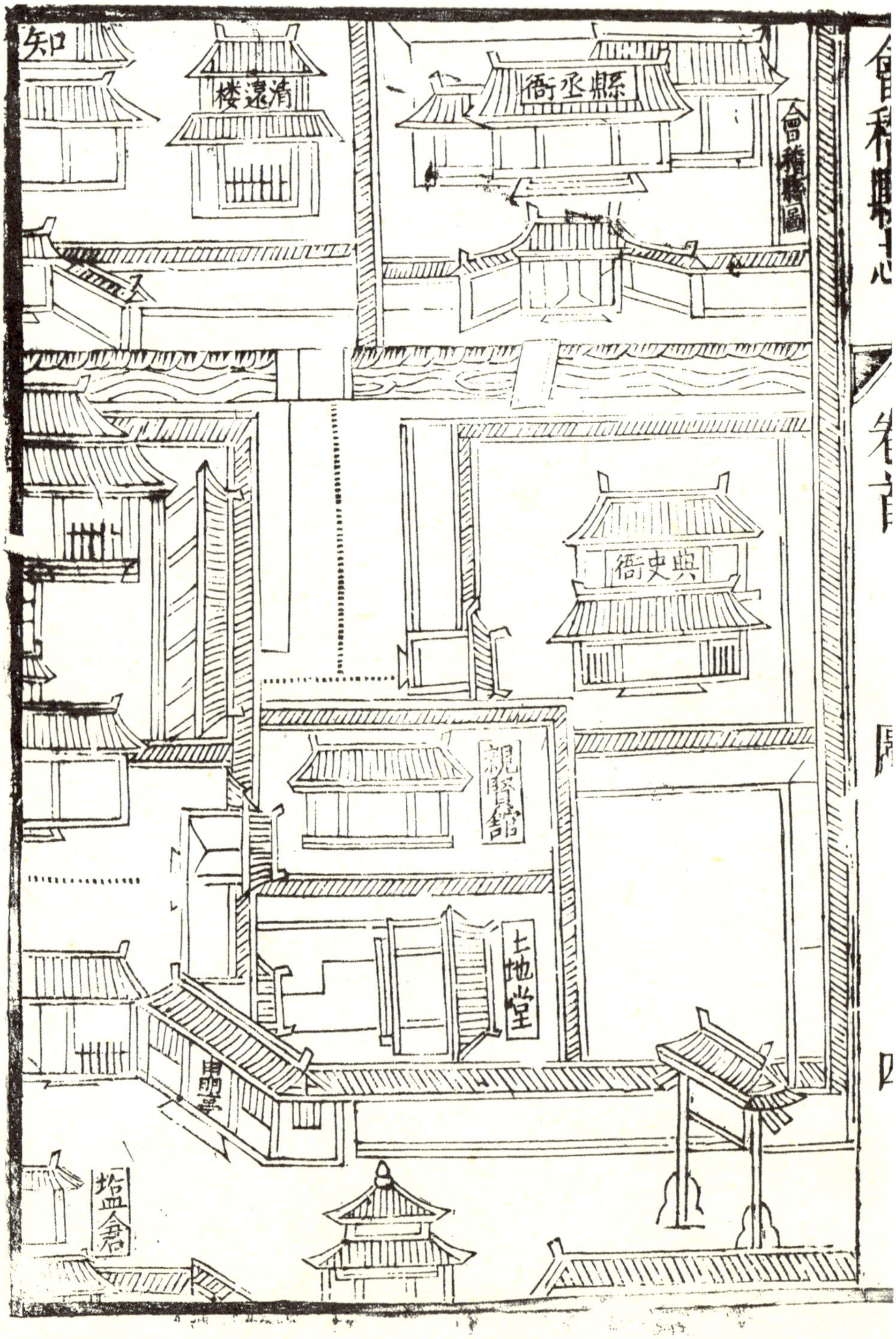

會稽縣志 卷首 圖

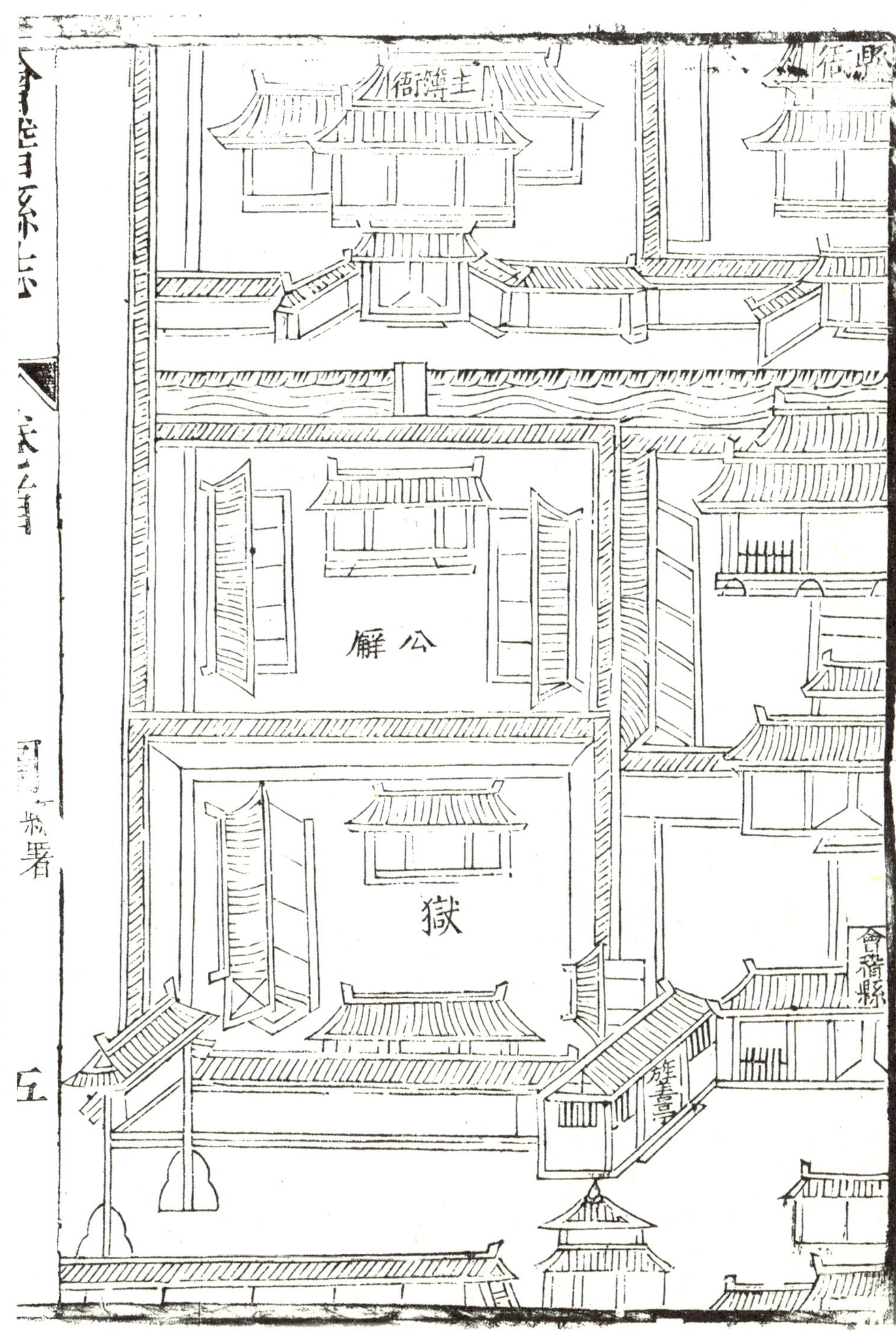
主簿衙
縣衙
公解
獄
會稽縣
旌善亭

會稽山圖

香爐峯

養魚池

越王獨城

南鎮

社稷壇

陶沙徑

菲泉

禹陵

會稽縣志 卷首 圖

秦望山圖

會稽縣志　卷首　圖　若耶溪　七

巨石

會稽縣志
卷首
圖
七
若耶溪圖
橫山
五雲山
明覺山
禹廟

會稽縣志　卷首　圖

平水

望仙

酒缸山

樵風

鑑湖圖
望山
鑑湖亭
和尚橋
道士庄
鑑湖鋪
則水牌
西墟祠
廣陵祠
新堰祠
陶家堰
白樓閘
白樓堰
中堰
石堰
胡家塘
沉釀堰
蔡家堰
葉家堰
許堰
章家堰
賓舍堰
抱姑堰
西小江

鑑湖

天柱山
南鎮
會稽山
山川壇
禹陵
方干島
三橋閘
曹娥斗門
樊家堰
許家堰
曹娥廟
彭家堰
瓜山斗門
少微斗門
小陵閘
東郭堰
東郭閘
王家堰
夏家堰
陶家堰
正平堰
樊江堰
大埭堰
石堰
則水牌
都泗閘
曹娥江

會稽縣志　卷首

海塘圖

臨山衛
千墩
斷塘
韓家村
四門舖
第四門
周家路
方家路
王家路
千家路
周郎巷
張家路
許家路
崔家路
眉山舖
百官街
龍山
傍家路
三山所
白沙路
三山巡司
蔡山墩
吳山墩
洋浦閘

會稽縣志
卷首
圖
海塘
夏蓋山
廟山巡司
烏盆鋪
陳家村
夏蓋湖
前庄
黃堰巡司
瀝海所
荷花池
趙村
西花
馮步
施家堰
前江壩
後村
後郭
烏盆廟
周家鋪
蟶浦渡
王公浦
張神廟
蟶浦堰
青山
仙姑菴
姚家大
王家大
桑盆
余家溇
宋家溇
賀盤村
桔枝村
塘角村
小金
林家塘
稷山
百官渡
孝女廟
東關驛
瓜山
少微山

會稽縣志 卷首 圖

應宿閘圖

禹廟

三江巡司

大海

巫山

三江所

陸路鋪

角亢氐房心尾箕斗牛

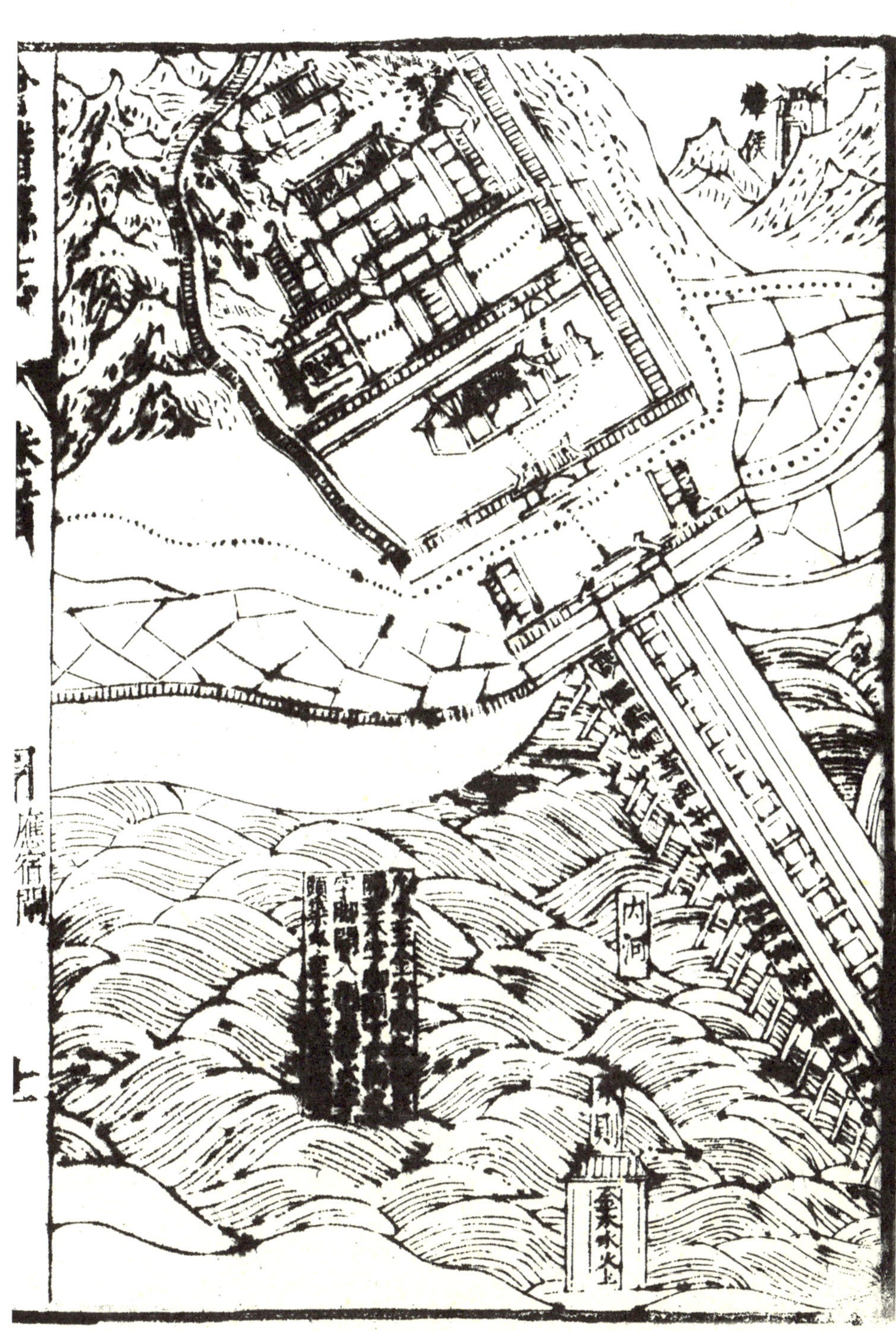
內河

海防圖
胡家烽堠
瀝海所
臨山衛
把總司
曹娥廟
東關驛

會稽縣志
卷首
圖　海防
十三
蒙池烽堠
三江巡司
三江港
此紹興守湯紹恩所建越民百世之利也
三江閘
宋家樓烽堠
周家墩烽堠
瀝浦江
桑盆烽堠
西海塘烽堠
黄家堰巡司
槤樹烽堠
瀝浦渡
三江所

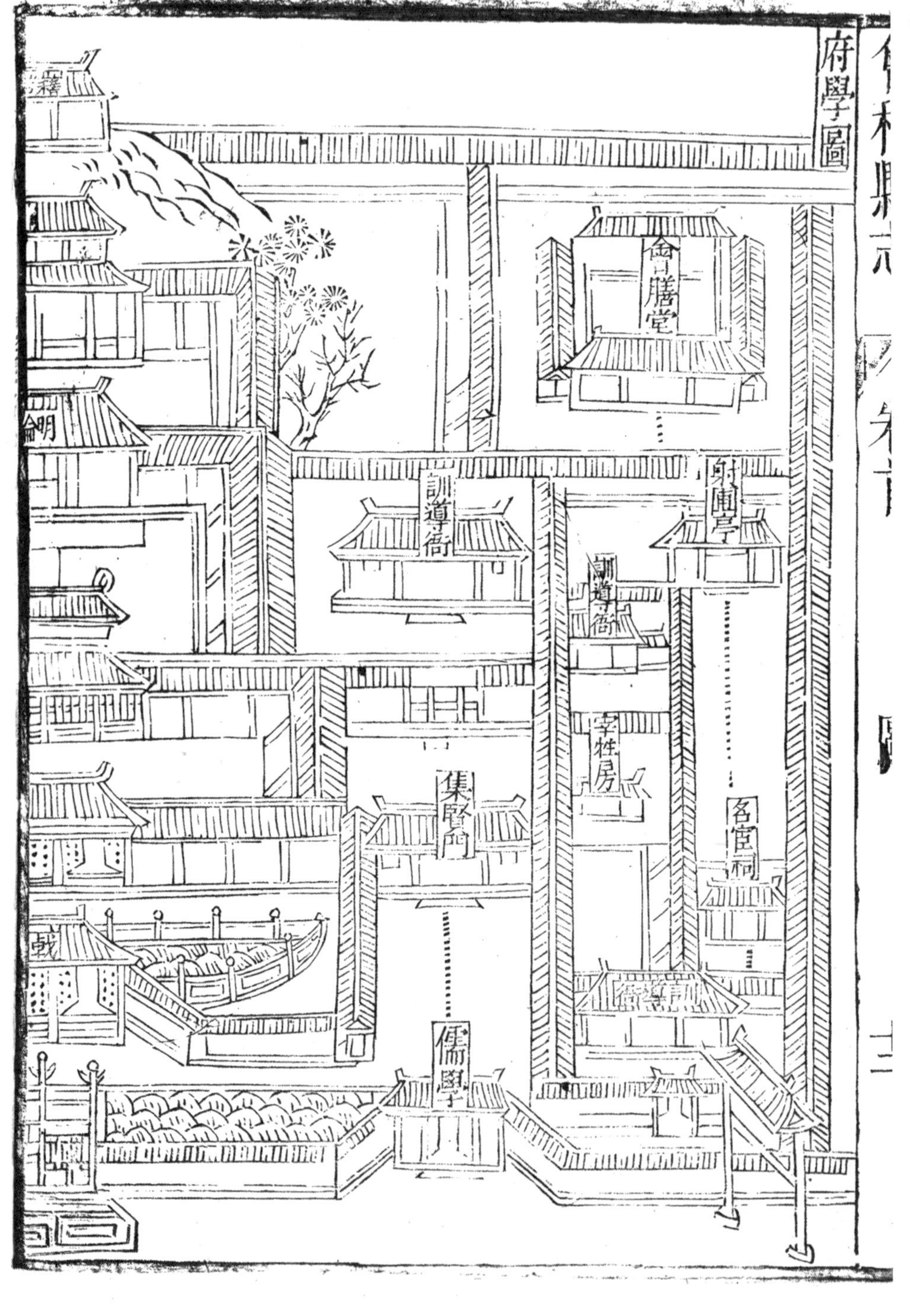
府學圖
會膳堂
訓導衙
射圃亭
訓導衙
宰牲房
集賢門
名宦祠
儒學

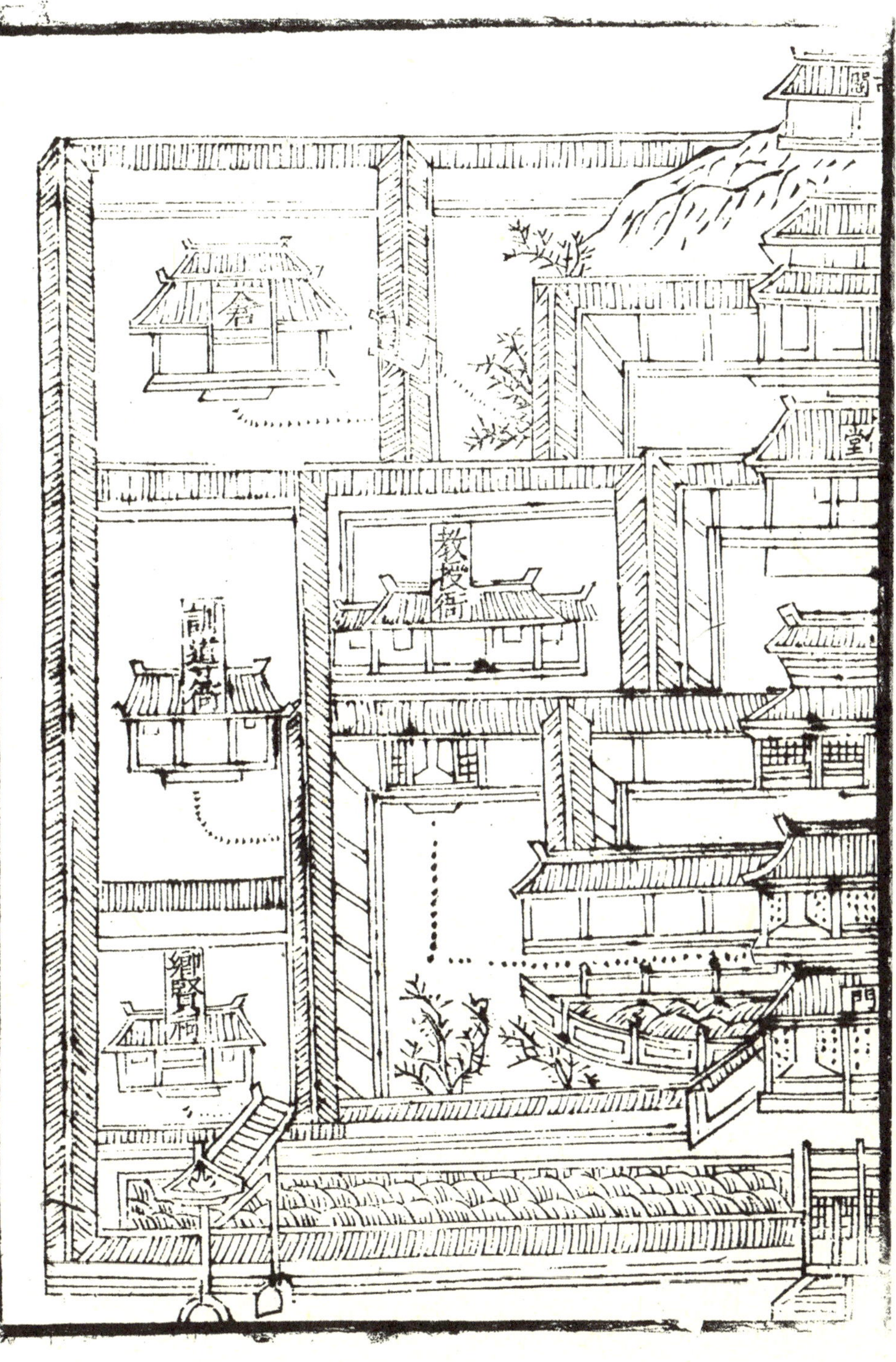
閣
倉
堂
教授衙
訓導衙
鄉賢祠
門

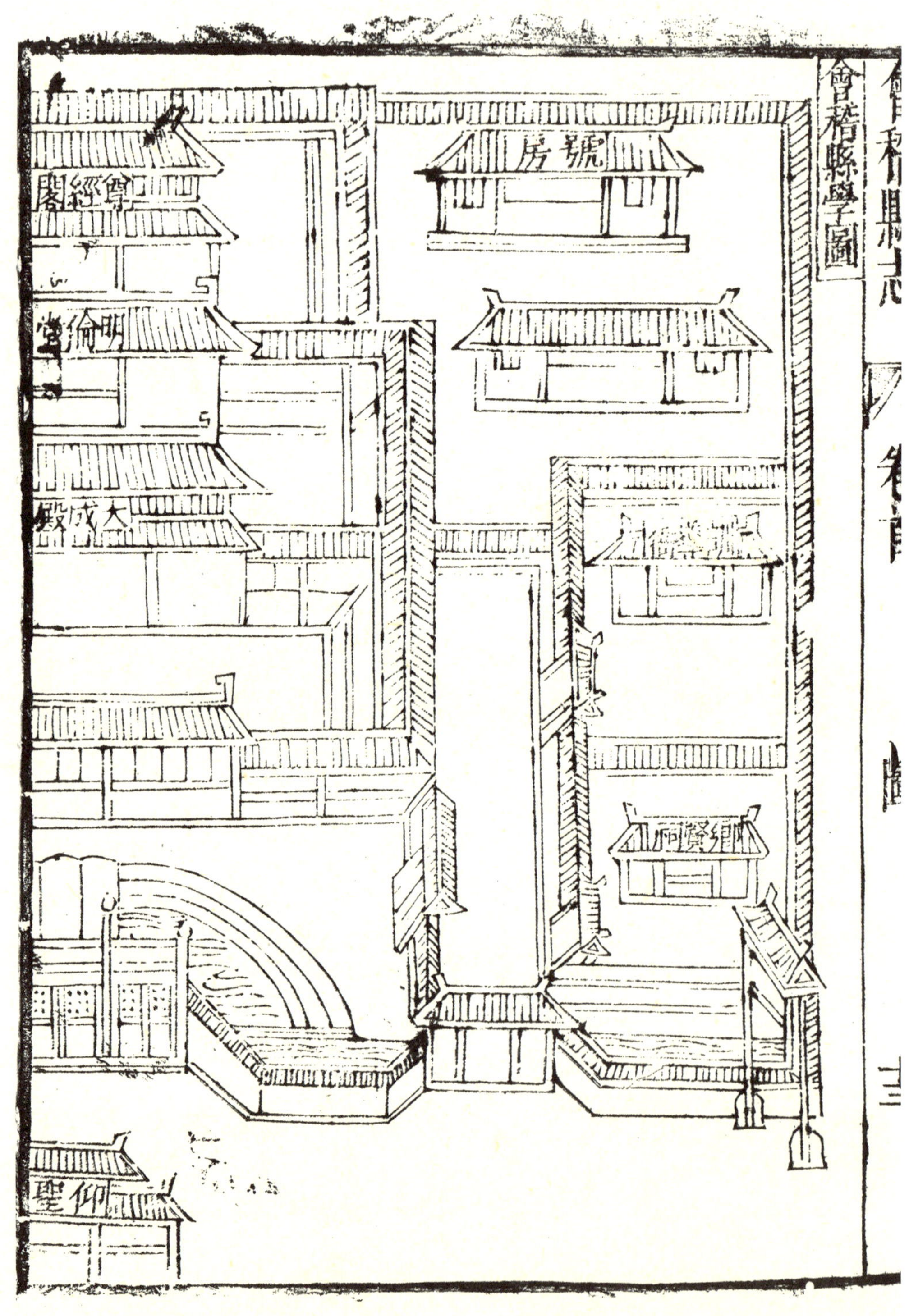
會稽縣學圖
號房
尊經閣
明倫堂
大成殿
鄉賢祠
仰聖

倉

教諭衙

訓導衙

社稷壇圖

社稷

山川壇圖
會稽縣志 卷首 圖

會稽山
山川壇

厲壇圖

厲壇

宰牲房

昌安鋪
昌安門

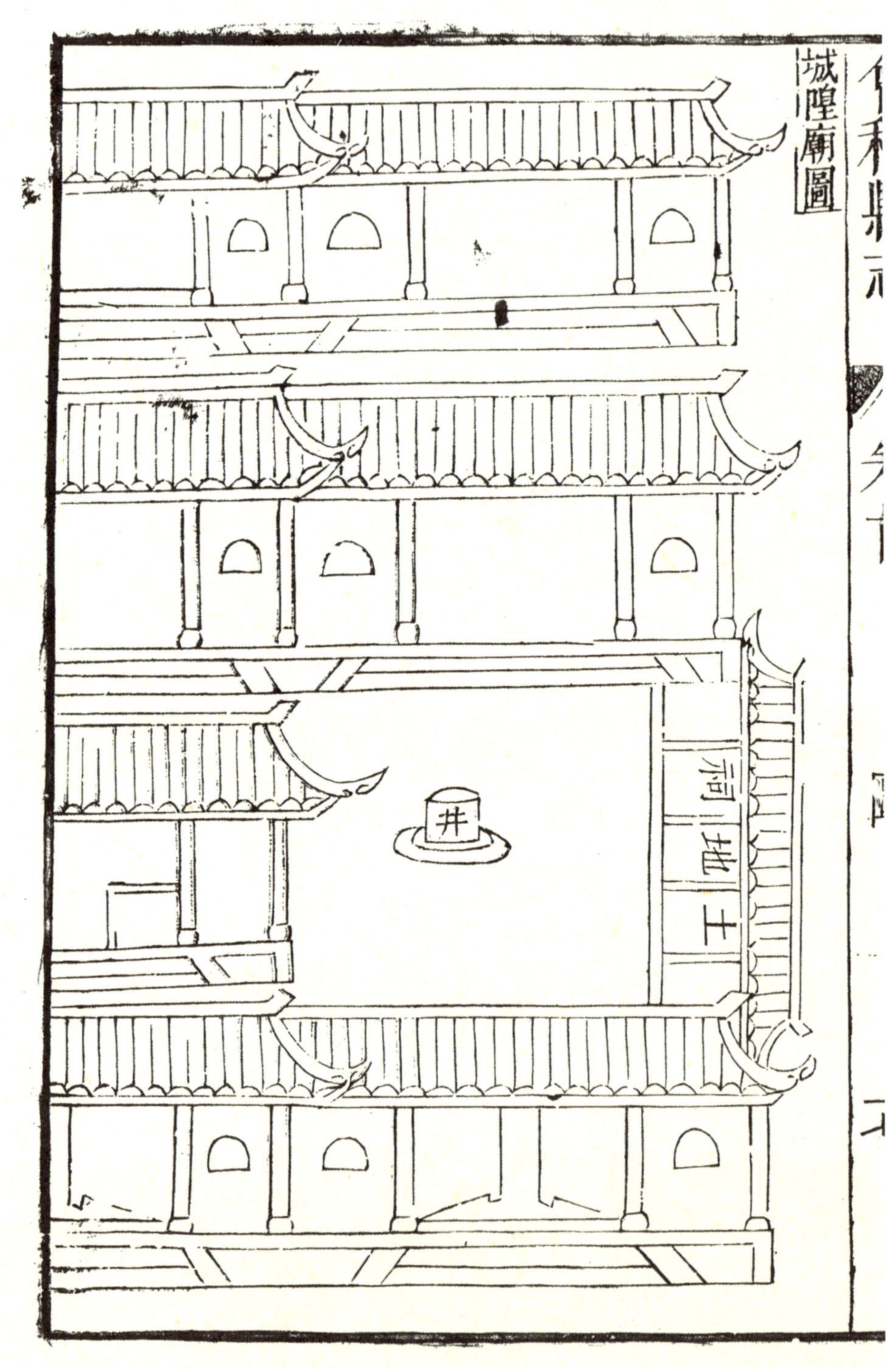

城隍廟圖

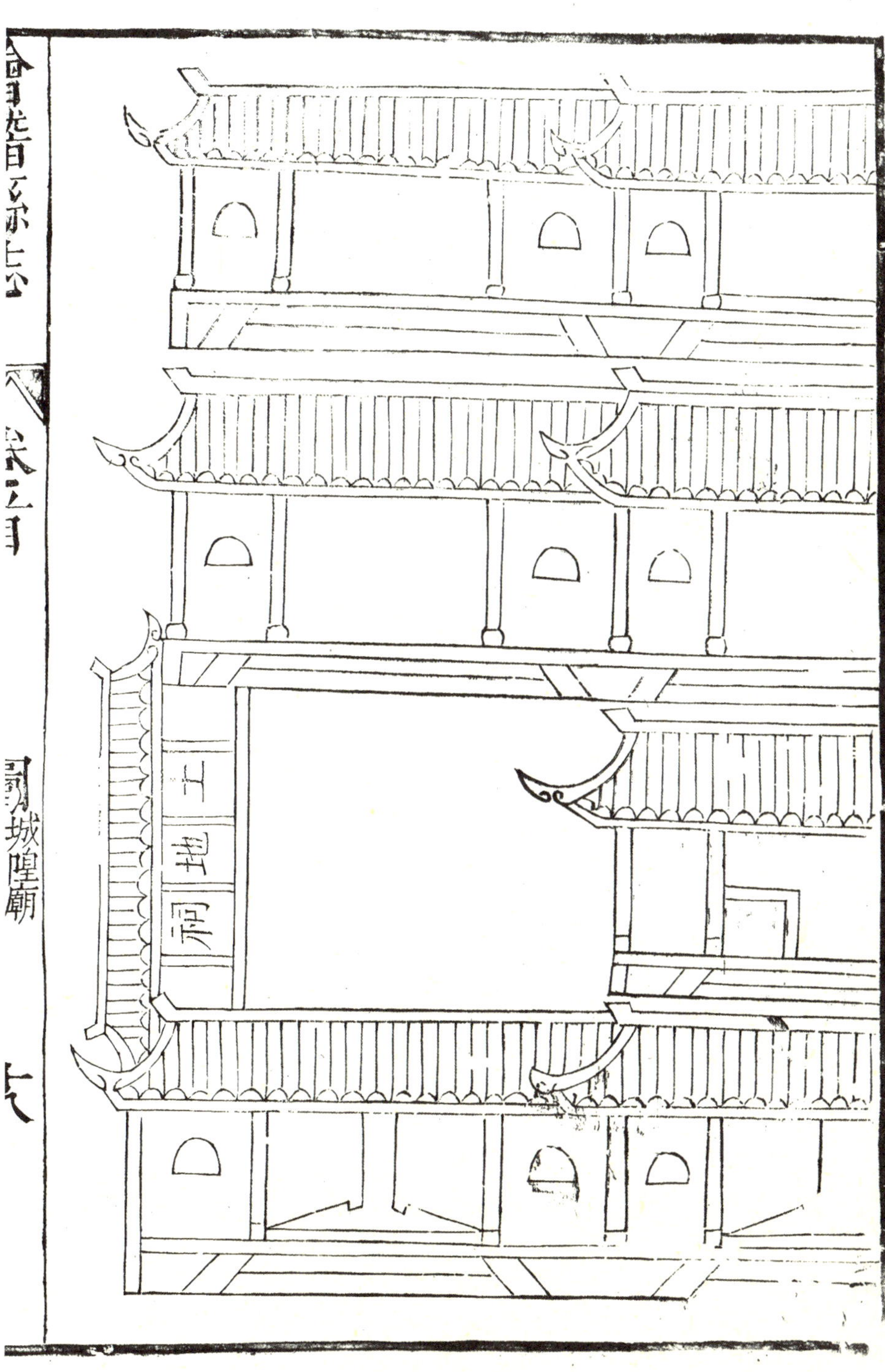
會稽縣志
卷之首
城隍廟
土地祠

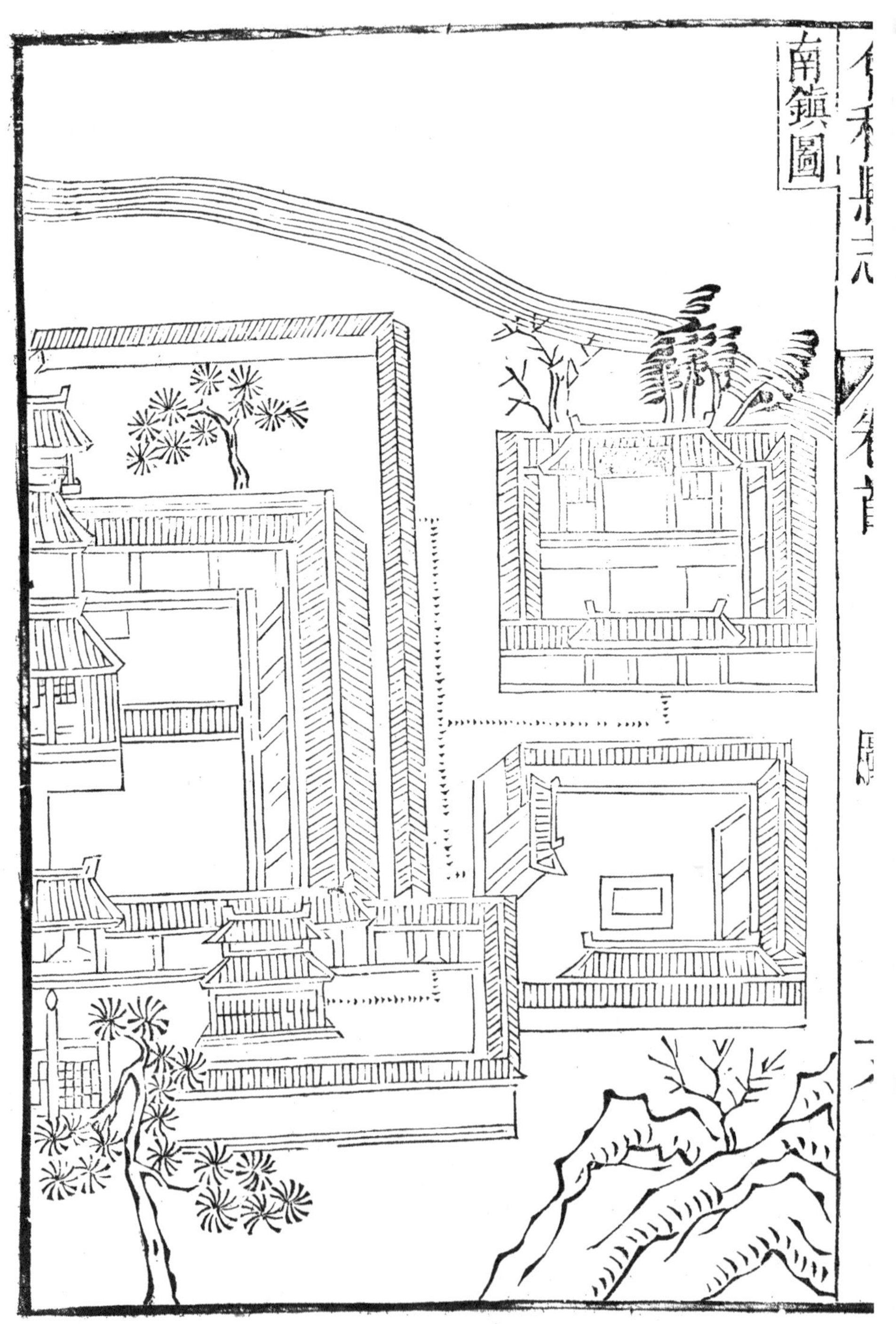
南鎮圖

會稽縣志
卷首
圖南鎮
七

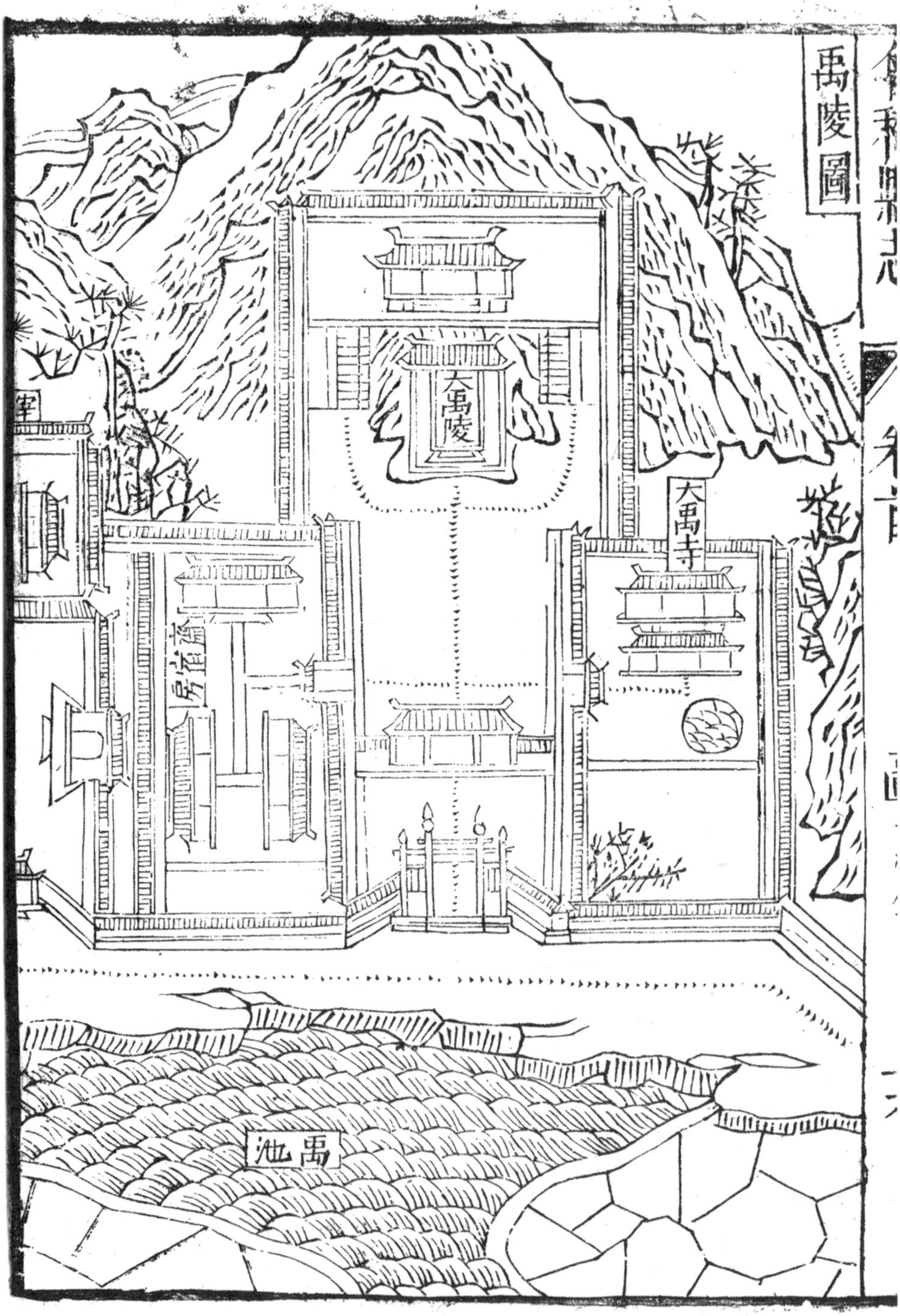

禹陵圖

大禹陵

大禹寺

禹池

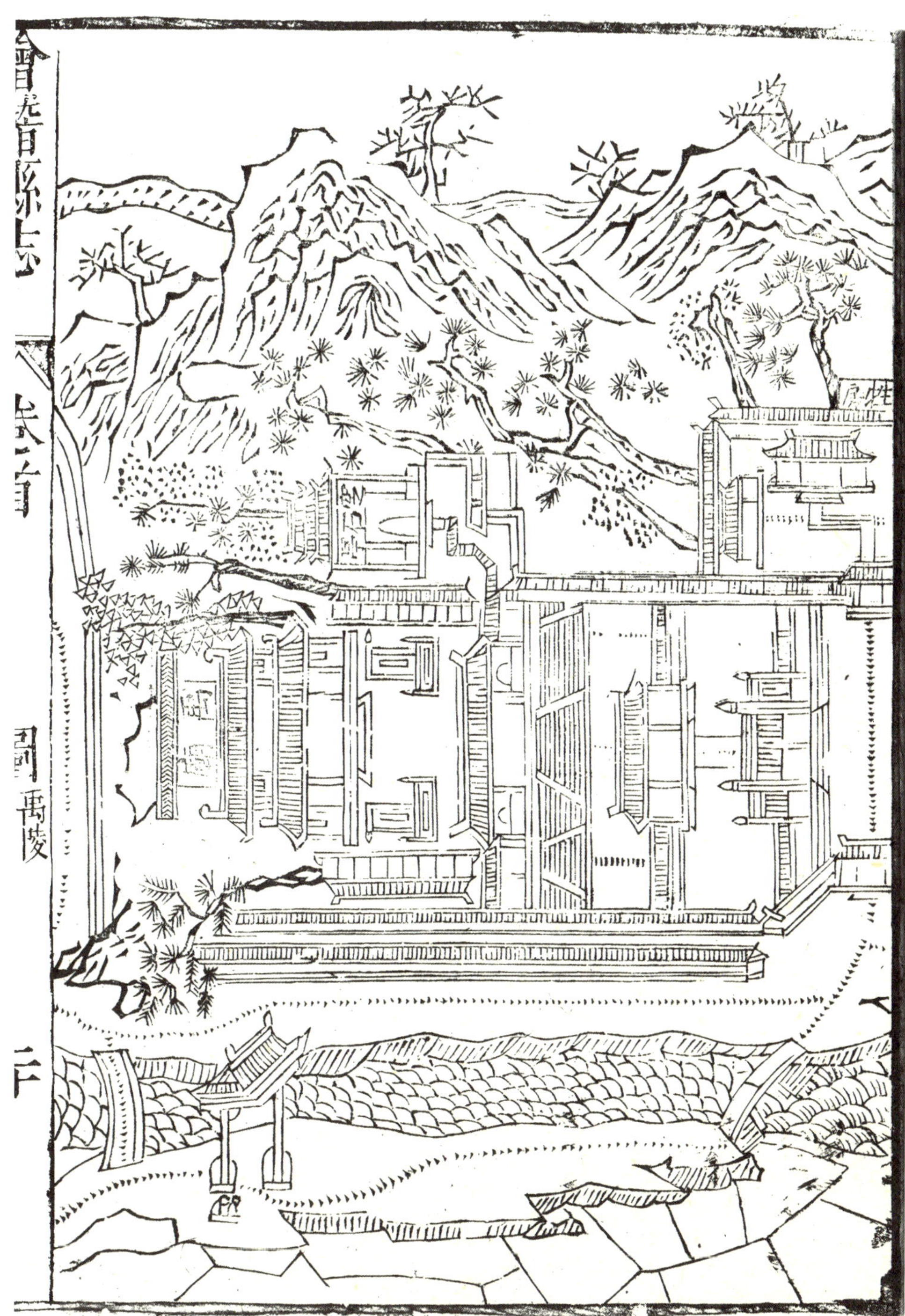

宋六陵圖
霧連山
理宗
度宗
齋宿
宰牲房
寧宗
孝宗
光宗
高宗
新婦尖

會稽縣志
卷首
圖　宋陵
十一
通泰橋
太寧寺
太寧橋
井亭
郭太尉廟

季女廟圖

會稽縣志
卷首
圖　孝女廟
十二

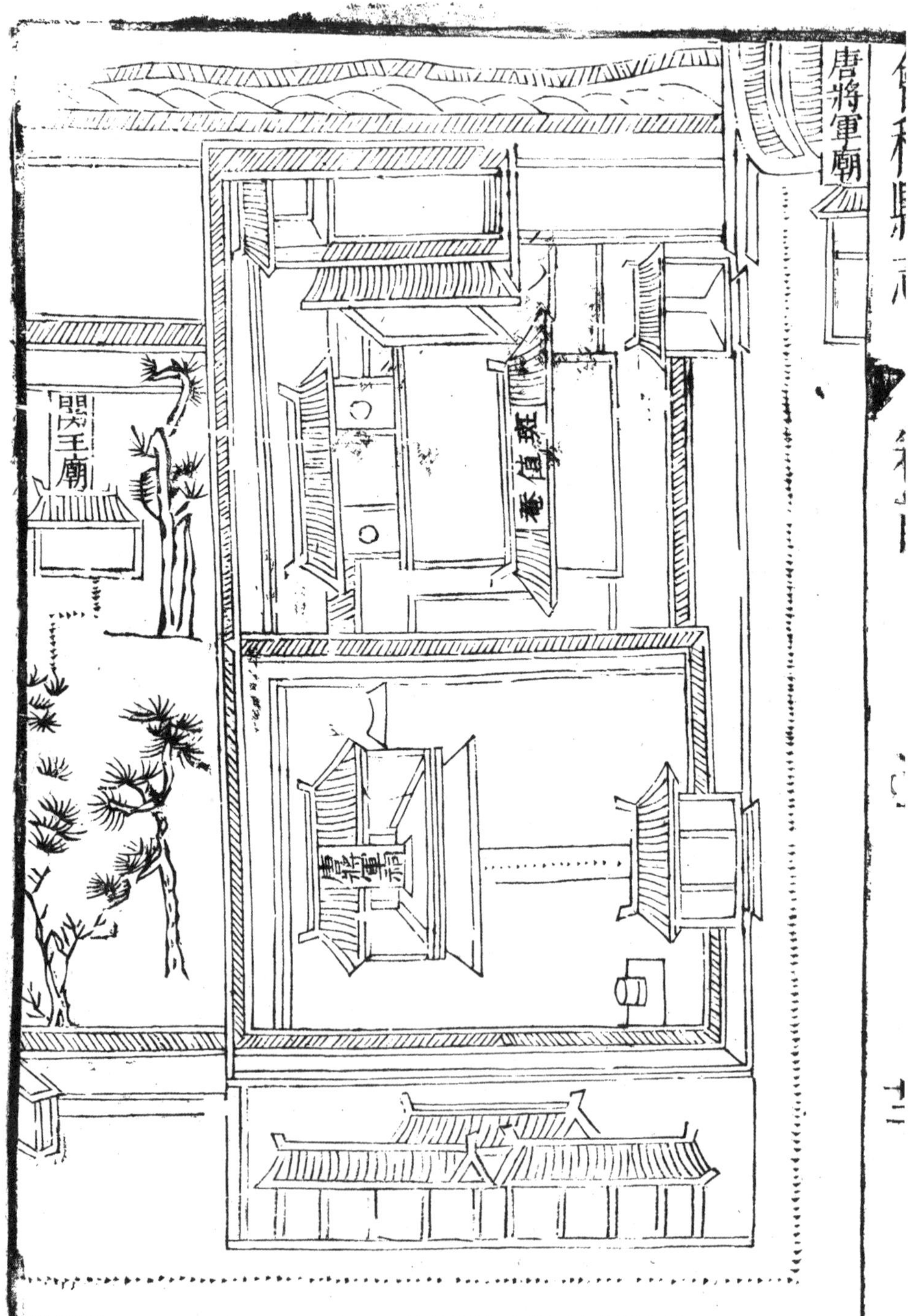
唐將軍廟
關王廟
班值庵
唐將軍祠

旗纛廟
唐將軍廟

會稽縣志
卷首
圖
十三
雲門寺圖
洗硯池
楓林
雪嶠塔
卓立雲門
辯才塔
雲門寺刹

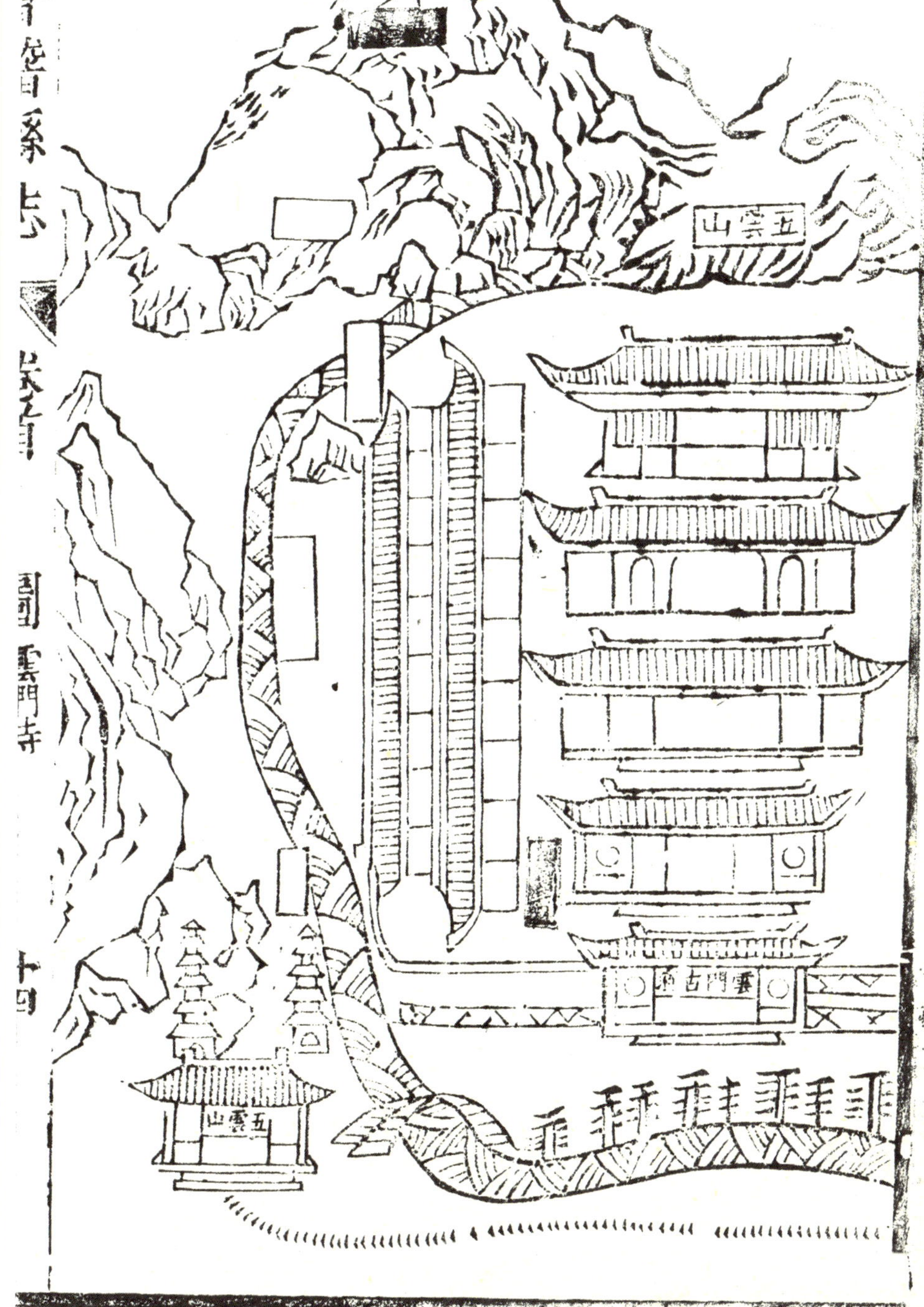
會稽縣志
卷首
圖　雲門寺
十四
五雲山
雲門古寺
五雲山

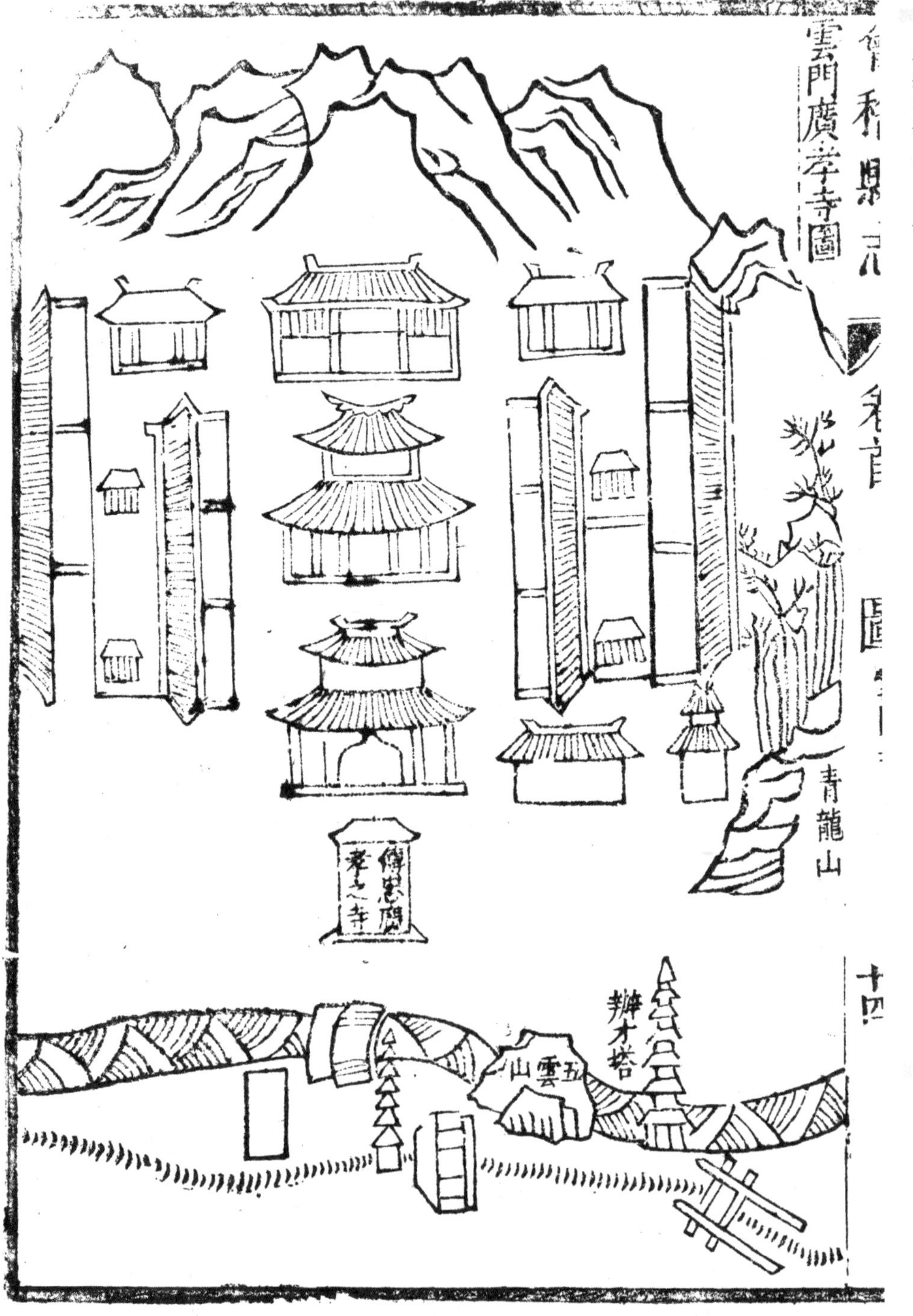
雲門廣孝寺圖
青龍山
傳忠閣孝之寺
五雲山
辯才塔

會稽縣志　卷首
圖　廣孝寺
五
秦望山
顯聖寺
廣福寺址
看竹樓
好泉亭

會稽縣志

雲門顯聖寺圖

圖　顯聖寺

香爐峯

平陽寺圖
龍池菴
水口庵
東化鹿
西化鹿
龜山
寶掌寺

黄龍峯
西白峯
陶宴嶺
平陽寺
象山
項綱山
西渡口

會稽縣志卷第一

疆域志

沿革　分野　區界　衢路　坊里　市鎮

郵舍　津梁

沿革

考諸史會稽之爲邑自隋開皇九年始則是開皇以前至於秦史册中凡稱會稽者並郡也而今之志邑者往往取郡事以入邑豈非以會稽之名通乎郡邑而不深考其在何時則專以名郡在何時

則兼以名邑之過歟開皇以前有會稽郡無會稽邑而會稽一邑其時尚分爲山陰上虞永興始寧四邑開皇以後有會稽郡亦有會稽邑而山陰上虞永興始寧四邑始并爲會稽一邑由此推之開皇以前凡史册中所紀人物有不指其邑漫稱曰會稽者蓋一郡全屬之人悉得而冒之豈亶四邑中人哉而今顧欲以未經稱邑之會稽以當之亦悖矣如此又烏取於沿革哉故今之志會稽邑也凡有關於邑者悉自肇邑時始隋開皇九年則其

時也徐渭

會稽地屬揚州古荒服國禹東巡會諸侯於國之苗山以計功始更名其山曰會稽禹崩遂葬會稽山至少康以其地封庶子無餘奉禹祀國號於越按吳越春秋禹周行天下還歸大越登茅山卽苗山以朝四方羣臣則會稽在禹之時似已稱大越矣而賀循會稽記又曰少康封其少子號曰於越越國之稱始此則吳越春秋所謂大越者殆追稱者耶自夏歷商周傳三十世至無疆亡入於楚楚滅入秦秦郡縣天下悉以故越地吳曲阿烏傷毘陵餘暨陽羨諸暨無錫山陰丹徒餘姚婁上虞海鹽剡由拳太末烏程句章餘杭鄞錢塘鄮富春凡二十四縣置會稽郡治

吳吳今之江南蘇州府吳縣漢以其地封荆王賈又封吳王濞濞滅復爲會稽郡並治吳後漢順帝永建四年始用陽羨人周嘉議分浙以東山陰餘姚上虞剡諸暨餘暨句章鄮鄞太末烏傷章安東侯官凡十三縣爲會稽郡移治山陰自漢永建迄陳會稽或爲國或爲郡雖更號不常要皆統浙以東地而爲言非縣也隋開皇九年平陳廢郡併山陰上虞始寧永興地置會稽縣隸吳州故考會稽縣自此始是年改會稽郡爲吳州大業元年析會稽復立始寧是年改吳州爲越州尋復爲會稽郡按知府南大吉郡志新莽時改上虞曰會稽一統志陳以

山陰析置會稽則會稽固不始于隋特以唐隸越二季祚短改革無大可書故徑自隋始州武德四年改會稽郡爲越州武德七年析會稽復立山陰貞元元年析會稽復立上虞元和十年併山陰入會稽已而復置會稽宋隸越州紹興元年隸紹興府是年改越州爲紹興府元隸紹興路至元十六年改府爲路明隸紹興府洪武二年改路爲府編戶一百三十一里成化八年縣丞馬馴徵稅至二十五六等兩都兩都民接嵊抗丞知府洪楷乃奏割兩都地凡七里屬嵊民若畝隨之嘉靖二十八年知縣張鑑均縣賦至兩都所得

其隱田五千畝以歸我至隆慶三年嵊亦度田復混五千畝中之百五畝有奇以去知縣楊節力爭之

分野

按唐天文志載僧一行之論凡分野不以星之南北分地之南北也視雲漢貫注得其精氣之所至耳南斗在雲漢下流故當淮海間爲吳分野牽牛去南河寖遠（南河星名凡三星在井宿東南）故自豫章至會稽南逾嶺徼爲越分野明誠意伯劉基清類分野書以

僧一行所論十二篇繫于其首而編次紹興府爲牛女分野則占牽牛亦占婺女皆驗也會稽與山陰並附郭占牛女確矣凡分野有大綱以十二辰分之元授時曆郭守敬所定自南斗四度起歷牽牛之度至婺女二度止爲揚州配吳越劉基稱其最精又分野有節目以二十八宿分之今紹興郎古越地自唐宋元明以來俱占牛女其應如響閒有私心穿鑿割其度爲會稽其度爲上虞者與雲漢貫注之說大爲悖戾象緯家知之儒者多不知

或問紹興府既占牛又何以占女曰郡境之陽宜占牛其陰負海皆占女句章王德邁嗣皋特論

會稽在禹貢爲揚州之域位當少陽於卦爲巽史記天官書曰其日屬丁在辰爲丑次曰星紀於五行屬火春秋傳曰在列國謂之分星在九州謂之星土春秋元命苞曰牽牛流爲揚州分爲越國史記正義曰南斗牽牛吳越之分野漢地理志曰越地牽牛婺女之分野漢郡志曰自南斗十一度至須女七度爲星紀之次吳越分野須女即婺女張衡曰

會稽於二十八宿入牽牛一度列星度數曰斗魁第二星主會稽又曰五車星中東南一星爲司空主楚越也春秋文耀鉤曰會稽於北斗七星屬權星范蠡陳卓諸人分星次皆曰會稽入牛一度東漢天文志曰會稽主以丁巳日占玉衡之邑地理志曰自斗十一度至婺女七度曰星紀吳越分野費直分斗十度至女五度爲星紀蔡邕分斗六度至女二度爲星紀三國志曰會稽上應牽牛之宿下當少陽之位晉天文志曰自南斗十一度至須

女七度爲星紀吳越之分野隋書唐史所載同通志略曰會稽入牛一度宋天文志曰會稽上應天市垣東南第六星以上所言會稽皆指會稽郡元史郭守敬所定分野以斗十四度三十六分六十六抄外入星紀爲吳越之分非專指紹興府況可專指會稽一邑乎

區界

縣附府城東九十二里至曹娥江之中流上虞縣界

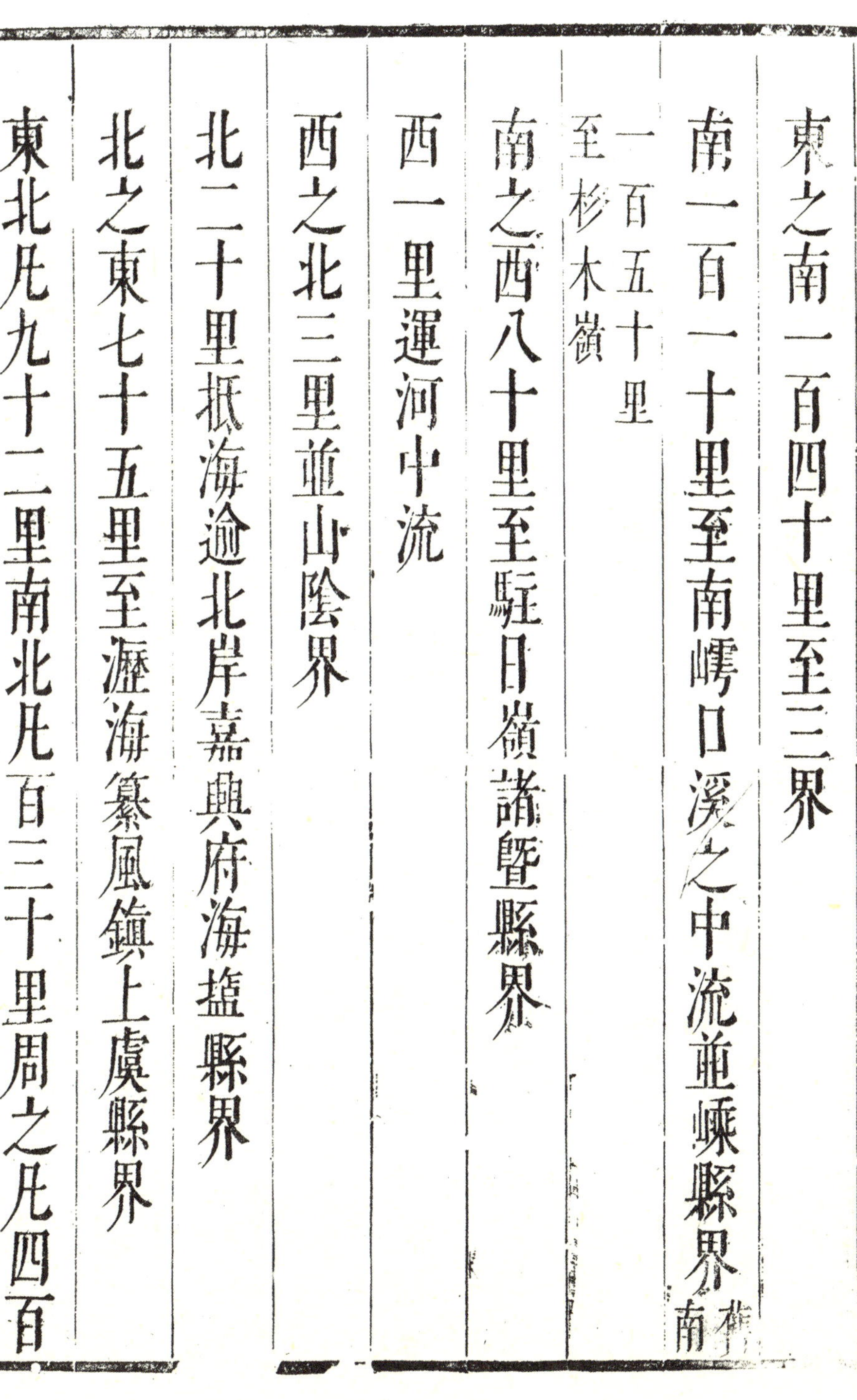

東之南一百四十里至三界

南一百一十里至南嵊口溪之中流並嵊縣界舊南一百五十里至杉木嶺

南之西八十里至駐日嶺諸暨縣界

西一里運河中流

西之北三里並山陰界

北二十里抵海逾北岸嘉興府海鹽縣界

北之東七十五里至瀝海纂風鎮上虞縣界

東北凡九十二里南北凡百三十里周之凡四百

四十里

達府百有三步達省百三十八里達江南一千二百三十里達北京三千七百九十里

衢路

越爲會府衢路久不修治遇雨泥淖幾於沒膝嘉定十七年太守汪綱至乃計工伐石在在繕砌浚治湮塞整治嶔崎除闕陌之穢污復河渠之便利道塗堤岸以至橋梁靡不加葺經畫有條役且無擾井里嘉嘆實爲惠利悠久云寶慶續志

東爲縣東門轉而南至坊口大街南爲貫珠樓會

稽學東爲新街口長春觀過東雙橋東至五雲門

由貫珠樓南下爲掠斜溪金斗橋由新街口折而

北爲小寶祐橋頭陀菴大寶祐橋東南爲長簷街

又南爲杏花寺街爲南街南爲府學又東南爲羅

坟坂官齊橋南至稽山門由南街過覆盆橋爲禹

跡寺東至東郭門縣後爲新橋東爲長橋廣寧橋

龍王堂東至都泗門轉東北爲白馬山彭山東大

池

南出南堰門由水路南至于秦望諸山之中東南出稽山門由若耶溪東南至于禹陵又東南至于上竈又至于平水達于新嵊諸山之中東出都泗門由運河南過五雲門又東至于遶門山又東至于東關之曹娥江又由東關南至于嵩壩東北出昌安門由水路北至于玉山陡亹達于三江

坊里

城內爲兩隅領坊十有六

隅之在東南者領坊八曰上望花坊　中望花坊

下望花坊　東陶家坊　西陶家坊　朝東坊　稽山坊　東仰盆坊　右八坊宋爲第一廂領坊日外竹園裏竹園晉昌元眞外鍾離裏鍾離靜林甘露外梧柏裏梧柏杏花親仁目蓮季童義井新路小新都亭法濟孝義禮禋共二十一元改第一廂爲東南隅領坊仍宋名增置禮賢稽山望花陶家延慶仰盆九節柔遁凡二十九

隅之在東北者領坊八曰安寧坊一名千秋坊以秘監賀知章捨宅爲千秋觀卽其坊中也相沿丐戶之產于城西者悉居之古爲賢士宅今爲丐戶里可不悲哉

府東坊　永昌坊　東府東坊　都泗坊　石童坊　東大德政坊　西大德政坊　右八坊宋爲第二廂領坊曰棚

樓花坊曰池月池照水小德政寶幢廣陵石灰朴木樂義永福押隊諸善上黨義井祥符詹狀元莫狀元凡十有九元改第二廂爲東南隅領坊仍宋名增置龍華千秋都泗斜橋解塭天長春臺文通五雲石童朝東保祐永昌東府通泰安寧凡三十五

城外爲都三十一各都領啚不一實啚一百四

第一都領啚二第二都領啚五第二十都領啚二以上宋爲鳳林鄉領里三曰西施鏡水石童

第三都領啚一第四都領啚六第五都領啚四第十九都領啚七以上宋爲雷門鄉領里四曰上皋高平石瀆長樂

第六都領啚六第七都領啚五以上宋爲上亭鄉領里三曰上許靜

志淳塈

第八都領啚三第十都領啚二第十七都領啚二以上宋爲廣孝鄉領里二曰蘇墟崇德

第九都領啚五第十八都領啚七以上宋爲袁孝鄉領里一曰通德以袁孝子故名

第十一都領啚三第十二都領啚六以上宋爲曹娥鄉領里二曰福嚴箬林

第十三都領啚四宋爲富盛鄉領里一曰積下

第十四都領啚四第十五都領啚二第十六都領

啚三以上宋爲千秋鄉領里二曰稽山城南

第二十一都領啚四第二十二都領啚五第二十三都領啚二以上宋爲太平鄉領里四曰章汀全節太山嵩山

第二十四都領啚三第二十八都領啚二第二十九都領啚二以上宋爲東土鄉領里三曰美箭謝公廻潭

第二十七都領啚二第三十都第三十一都第三十二都俱領啚一以上宋爲五雲鄉領里二曰石帆西施

第三十三都領啚二宋爲延慶鄉又名延德領里一曰西岑

第二十五都領啚三第二十六都領啚四屬

市鎮

平水市在縣東二十里　唐時嘗有市今廢元稹序白氏長慶集云予嘗于平水市中見村校諸童競習歌詩召問之對曰先生教我樂天微之詩固亦不知予之爲微之也其自註云平水鏡湖旁草市名

三界市在縣東南一百二十里　即漢始寧縣址

馬山市在縣北二十里

皐部市在縣東二十里

樊江堰市在縣東三十里

道墟市在縣東六十里

傖塘市在縣東南七十里

東關市在縣東六十里

白米堰市在縣東七十里

湯浦市在縣東南一百一十里

曹娥市在縣東八十里

纂風市　按郡志曰東城鎮今廢

三界鎮在縣東一百二十里

蒿陡關平水關　二關明洪熙元年御史尹崇高並奏革後工部分司仍遣人抽分嘉靖二十七年知縣張鑑復申革之其山稅鈔銀則帶辦於縣後山民相讐遏採伐者仍以匿稅越[illegible]

于杭之權關重爲民病嘉靖四十五年來榷者始而禁之附錄其示欽差工部員外郎費爲禁約事照得朝廷設關抽稅雖爲裕國之資實寓抑末之意浙之南關抽放各商竹木凡奉命視事者尚不可刻以取盈況居民人等採取本山竹木脩葺房舍又非販賣可比豈宜一例起稅本職到任以來痛懲前弊已經出示曉諭凡係本山竹木盡行寬免或被讐家所挾因而詐財妄行首告者不惟不准且重治首告之人但恐歲久弊生爲此勒石永遠禁革

曹娥壩在縣東八十里

蒿壩在縣東九十里

傅山渡在縣東北五十里

小江渡在縣東南一百里渡口有茶亭守渡船

梁湖渡按舊志有上竈富盛田家偁塘延德江本朝新渡舊渡曹娥豐山杜浦等渡

平水埠在縣東二十里

上竈埠在縣東二十里

攢宮埠在縣東南三十里

富盛埠在縣東南四十里

偁塘埠在縣東南七十里

郵舍俗呼爲急遞鋪每鋪計程十里廳屋叁間日晷一座各有鋪司鋪兵並出五雲門

五雲鋪　織女鋪　皋部鋪　茅洋鋪　陶堰鋪

瓜山鋪　黃家堰鋪　東關鋪　白米堰鋪　曹

娥鋪 小江鋪 桑盆鋪 周家堰鋪

津梁

縣東橋 滑橋 寶祐橋 下有小寶祐橋 長安橋 廣寧橋 宋紹興中有鄉先生韓有功爲士子領袖暑夜多與其徒納凉橋上有功没朱允宗作詩懷之云河梁風月故時秋不見先生曳杖游萬壑遠青愁對起一川漲綠淚爭流朱亦修潔士云康熙三年張桂生重修 黃鐵頭橋 龍華橋 都泗門內龍華寺之左 八字橋 兩橋相對而斜狀如八字 東雙橋 九節橋 長春觀前 孝義橋 通泰橋 俗名新橋 都亭橋 越絕書云秦皇東游之會稽以甲戌到大越舍都亭都亭之名始此旁有廢井傳云蓟子訓賣藥之所 以上諸橋並在縣治東

狀元橋宋詹騤所居里　鮑家橋狀元坊里　睡仙橋　坊口橋

竹園橋　魚化橋　紡車橋　鏡水橋宋趙處士所居里

興福橋俗名觀音橋　馬梧橋鍾離巷口　馬坊橋　金斗橋

目蓮橋　羅漢橋亦名春波橋　柳橋王鉌著殉節處　大夫橋唐張志和所居里

羅紋橋　覆盆橋　蓮河橋天慶觀後　望花橋宋時其地多藝花爲業

廟橋武肅王廟側　以上諸橋並在縣治南

縣西橋舊名府西橋　清道橋　石灰橋　大善橋　永福橋

拾子橋龜山下　大慶橋　木瓜橋　龍興橋

市門橋　咸歡橋　鍾離橋　吳伯橋　得勝

橋

暗橋　通市橋以上諸橋並在縣治西

春波橋千秋觀前賀知章詩離別家鄉歲月多近來人事半消磨唯有門前鑑湖水春風不改舊時波橋之得名以此　小江橋　中正橋旁有小橋曰斜橋橋下多客邸四方舟楫往來所集　採花橋旁有小橋曰田家橋橋下曰田家漊　香橋陸放翁種梅于此故名其旁尚存梅園衛俗傳朱買臣還鄉又名鄉橋者非也至元時勞義士新之隆慶間錢守愚重修康熙八年陳伯嘉重修　題扇橋因右軍遇老嫗題扇故名　畫馬橋　昌安

橋以上諸橋並在縣治北

弔橋在五雲門外

靈汜橋在縣東二里石橋二吳越春秋句踐論功于此李公垂詩靈汜

橋邊多感傷水分湖泒達可塘（元微之詩）靈汜橋涵百里鏡石帆山掩五雲溪

居仙橋　瑞寧橋並在第一都

永安橋　五湖橋　通陵橋並在第二都

馬山橋在第四都

皐部橋在第五都

樊江橋　枯橋並在第八都

世鄉橋在第十二都

壽寧橋

白塔橋

越嶺橋

東城橋今名東關

鳳凰橋

富盛橋

九陵通泰橋在攢宫

太平橋在太平鄉　萬曆四十八年董弘度損造

鎖泗橋

鐵絆橋在第二十一都

雲門橋在若耶溪南　旁有仙翁釣石（宋之問詩）鷹塔動，金地虹橋轉翠屏

石橋在雲門寺前蘇子美送張行子詩五雲山下石橋邊六月溪風灑面寒今正炎天君獨往松間尋我舊題看

大乘橋其南為平水市

雙井橋

石旗中興橋

閘橋

望仙橋在縣東南十里

洞亭橋在陽明洞前架小亭其上自橋東數十步有鬭牛觀山二橋入龍瑞宫

告成橋在禹廟西以禹治水告成故名

橋在稽山門外鏡湖分東西以此橋爲限今廢

拗馬橋在縣東南十六里

千秋橋　大慶橋　小慶橋並在縣東南七里

渡東橋在東郭門外陶望齡記越郡隍大而城直東郭門而水者則曰划船港厥淺尤廣其受水之塗南鎮平水上竈諸山之溪流皆委焉三道注射渦漩澎湃濤悍難渡其渡者衢婁諸人及吾邑山都之人曾奏馬渡廣而流悍重以霖潦風雨舟每每覆[illegible]以[illegible]其南岸故有昊濟侯廟涉者畏而病[illegible]以其險阻阨危數稱津要工鉅費繁[illegible]之爲[illegible]而力最艱故謀舉輒寢豫章羅公來令吾邑[illegible]壁與邑措事集神行物摩臨流惻[illegible]以萬曆二十三年二月鳩工于河疾[illegible]工[illegible]水數百丈[illegible]水十有八[illegible]樹石爲兩[illegible]諸[illegible]水神廟爲觀音

卷卷之背後[illegible][illegible][illegible]丑水量而屬諸城為尺布石
備力之費為白金八百五十一兩有奇月俸三十兩
餘出諸[illegible]有[illegible][illegible]厥謀維鄉大夫大理寺少卿商
公某[illegible]厥[illegible][illegible][illegible]王明浮圖能信者民鈕義任
瀦[illegible]地[illegible]主[illegible]員[illegible]亙材食守者田四畝餘施諸
浮圖景[illegible]既[illegible][illegible]曰瘦東出其堂者謳謠歌舞相
屬[illegible]史[illegible][illegible][illegible]閘而東之為銘銘曰越國於澤厥
距在山言言[illegible][illegible]峙其南閘澤[illegible]浩瀚山[illegible]鎮撼
傾高[illegible][illegible][illegible]曰欸欸涉者維何[illegible][illegible]搉如提千
金[illegible]一[illegible][illegible]陽侯甘人灑血淚牙[illegible][illegible]怒發戾齎
紛[illegible][illegible]人重淵不可躋此行[illegible][illegible]誅仁人是嗟仁
人[illegible]何曰[illegible]羅父[illegible]冰是[illegible]歷有年所[illegible][illegible]不濡
靡堅不[illegible][illegible]雨[illegible][illegible]如颶颶羽乃[illegible]沖宮乃[illegible]京
堰[illegible]是[illegible][illegible]是治四夫[illegible]覽曰巳闢之圖厥
萬安易此一[illegible]來立[illegible]移[illegible][illegible]石[illegible][illegible]蜆半舒青
龍[illegible][illegible][illegible]楯天行盤根地厚[illegible]過興徙[illegible]趨[illegible]耆
在昔州使旌賢造廬梁水于門橋名與俱邪人[illegible]
馬東郭太夫厥壞維均惠濟則[illegible]宜釆公[illegible]比[illegible]

官湖宜姓于公如鄭白渠又如迷人善遊所[illegible][illegible]爲津梁西來禍徒我公之功與理同符嘉名渡東豈其然乎○傍有先賢祠祀先賢戶部尚書倪公元璐都御史施公邦曜中允周公鳳翔都御史祁公彪佳左都御史劉公宗周學士余公煌太湖令贈光祿丞金公應元長安令贈僉事吳公從義左長史贈副使章公尚絅川南道陳公孔教九江道王公思任進士徐公復儀孝廉高公岱陳公潛夫葉公汝蒞文學王毓蓍高朗傳日炯處士潘集周卞年倪舜平楊雪門朱瑋

孫端大橋在吳融孫端之中張賢臣捐百金造

浪墢橋在雙溪港張神廟之左平水上竈二溪之水合流于此向有木橋水稍漲即衝敗往來者甚苦之張賢臣捐貲糾衆易以石名曰浪墢里人勒石于張神廟中以記其事明崇禎十七年山陰謝鼎重修

萬安橋在六都樊江廣渡菴之南僧具緣募資造橋長二十四[illegible]

會稽縣志卷第一終

城池志

縣城 所城 廢城 設官 縣署 屬署

寓署 廢署

縣城

縣城附府

城之東者屬縣府城即古山陰大城也范蠡所築周二十里七十二度缺其北隋開皇中越國公楊素增脩周四十五里名曰羅城脩小城爲子城周十里唐末分運河以東之城屬會稽元至正十二年篤滿帖睦邇增築坊郭一鄉入城内始甃石置月城以開塹河自五雲北界石起至植利門止長一千二百六十七丈

一尺四寸高東一丈四尺南一丈六尺北一丈四尺厚東一丈八尺南一丈五尺北一丈八尺址厚東二丈一尺南一丈九尺北二丈二尺城門四東曰五雲郎古雷門詳見古蹟雷鼓下志者大約謂句踐以吳于陵門上有蛇象而作龍形龍畏雷故作此門以勝之果爾則下文稽山門犯勝之説似亦不可忽與水門曰都泗元名元陽東南曰稽山元名鎮越由此門達禹陵按郡城自水門外其他諸門並有月城一座以護而稽山門獨倍之左右翼蓮接其門先是倭人入內地頗逼知府劉錫恐寇階以登用郡人言隍缺之入鍤稍深得石匣一啓之有骸一具鐵索錮其項後有木匣函其顱索錮如之而骸與匣並新鮮如非瘞是門屬西南爲巽隅地家所稱當避賊鋒者而今若此意城時取賊軀以壓勝耳

人相傳自來郡城中無剽寇自墮月城後始漸有以爲犯勝理或然也水門曰東郭元名東明城樓四敵樓一兵馬司四窩鋪三十五月城三女墻二千二百九十二城內外並池以達之外池東廣五丈深一丈南廣八丈深九尺北廣五丈深八尺內池並廣丈有八尺深七尺嘉靖三年知府南大吉重脩女墻並易以磚高四尺六寸厚一丈崇禎十五年推官陳子龍脩五雲外城名曰雷門重險

國朝順治十五年總督李行文各縣脩城女墻併二爲一

所城

瀝海所城在縣東北七十里三十三都之薛家瀝

明洪武二十年信國公湯和建城方三里三十步高二丈二尺厚一丈八尺城門四城樓四角樓四敵樓四月城四兵馬司廳四窩鋪一十六女墻六百一十一池深丈有五尺廣五丈五尺內設教場一所所城原與上虞分轄會稽管轄西北二門上虞管轄東南二門亦于順治十五年重脩

廢城

會稽山上城在縣東南一十里越絕書句踐與吳戰大敗棲其中乃以下爲牧魚池其利不租舊經句踐爲夫差所敗以甲楯五千保于此城也十道志云城天門也天門當閉開必致虎嘗觀吳之勝越越雖大敗猶以甲楯五千保險拒之故得不亡此與漢伐宛無異

死以得存者亦以中城不下故也豈獨以納賂請盟而得存哉及吳之亾也乃束手請以越之事吳者事越豈可得哉夫差豈能存亾國句踐亦非忍于滅吳各因其勢而已故表出之爲後世守國者之戒

會稽山北城在縣東一十里越絕書子胥浮兵以守城是也舊經夫差圍句踐于會稽山伍負築此城以屯兵

侯城在縣東五十八里越始侯無餘所都城也

黄家堰巡檢司城在縣東北八十里纂風鎮與上虞縣界郡志司城爲方一百四十丈高一丈三尺厚二丈五尺南北環以月城城樓一窩鋪四女墻一百十城下有池深一丈三尺廣四丈五尺舊在府城東北六十里黄家堰洪武二十年徙

瀝海所西爲海潮所齧圮

治間徙今所故址尚存

設官

柳子論封建大約謂上古之時起于有爭而就質於是刑政漸以生焉是故有里胥而後有縣大夫有縣大夫而後有諸侯有諸侯而後有天子自天子至于里胥皆有德者也歿必求其嗣而奉之此封建之所由始也信斯言也則縣大夫之設其初且未屬于天子而民自求有德以聽其治其後既有天子則天子始求諸有德者責其治以加于民

然而自始求之外子嗣其祖以爲治未必肖之者亦多矣而今之言制者每每進封建而退郡縣之設官噫今所設之官類皆天子求諸有德責其治以加于民亦猶古初民自求諸有德以聽其治之類也即有鮮德者亦不猶古初封建之後其子孫嗣以爲治未必肖其祖之類耶如此則凡鮮德者其爲官之責而非設官之責也亦明矣言制者又烏用進封建而退郡縣之設官也耶　徐渭

〔周制〕縣有正以掌其政令而治之其屬有黨正族

師閭胥比長鄙正春秋列國或曰宰曰尹曰公有大夫名以國與其爲縣邑之長則一也長各有貳然丞尉之名則無聞領縣始于秦秦置令丞尉各一人三老一人亭長未詳其數漢率襲秦令一人千石月俸八十斛丞一人四百石月俸三十斛尉一人二百石月俸十五斛主簿令長得自調用秩與尉同三老一人擇鄉之三老爲之得與令丞尉以事相教孝弟力田一人嗇夫游徼一人至武帝增置學官一人平帝置經師一人晉增置嗇夫二

人教官掾一人方畧吏一人書史二人史佐二人

後魏增置博士助教各一人學生四十人會稽有

縣自隋開皇九年始隋置縣列上上者有令丞中

正光迎功曹光迎主簿功曹主簿錄事及西曹戶

曹金曹兵曹等掾市長等員合屬官佐史五十四

人上中縣減上上縣五人上下縣減上中縣五人

中上縣減上下縣六人中中縣減上中縣五人中

下縣減中中縣一人下中縣減下上縣一人下下

縣減下中縣一人當時會稽不知列何等今不可考自州郡縣各

因其大小置白直以供其役上縣令爲第六品中縣令爲第七品下縣令爲第八品祿率一分以帛一分以粟一分以錢六品一百匹二十五匹爲一秩七品六十匹十五匹爲一秩八品三十六匹九匹爲一秩隋書紀錄但以帛稱而不及錢粟故曰匹唐置令一人從六品秩田五頃歲俸八百有五石丞一人從八品秩田三頃歲俸六十四石有五斗主簿一人正九品秩田二頃五十畝歲俸十九石有五斗尉一人從九品秩與簿同學置長史一人學生三十五人則

圖猶漢魏也宋置知縣一人秩田六頃俸二十千丞一人秩田四頃俸十五千主簿一人秩田三頃俸十二千尉一人主學一人秩俸皆同簿增置忠翊郎巡檢一人承信郎監酒稅一人元增置達魯花赤兼諸軍奧魯勸農事一人秩田二頃月俸鈔十有八兩縣尹一人秩與達魯花赤同主簿一人秩田一頃五十畝月俸鈔十有二兩丞一人秩田一頃月俸鈔十有二兩典史及尉皆一人月俸米八石鈔十兩教諭一人月俸二石鈔十兩至明制

置知縣一人正七品月俸七石有五斗丞一人正八品月俸六石有五斗主簿一人正九品月俸五石有五斗典史一人月俸二石司吏十一人典吏二十一人教諭一人訓導二人俸廩皆三石生員廩膳二十人增廣二十人附無定額今在會稽者約四百人其屬今在會稽者東關驛丞一人月俸一石吏一人舊在會稽者五雲桑盆河泊所二倉塘稅課司一三界蒿陡桑盆稅課局三各有官一人吏一人後俱革崇禎間裁主簿一員

國朝官制品級因之俸廩載田賦志下主簿訓導奉

裁

縣署

正廳三間名牧愛堂幕廳一間後堂五間西爲冊庫耳房一間穿堂一間戒石亭一座兩廊十六間鹽倉三間土地堂一所獄一所儀門三間外門三間旌善亭一間申明亭一間坊牌二座客廳三間名賓賢館

知縣衙在正廳後

縣丞衙宋在東大德政坊今在知縣衙東

主簿衙在知縣衙西

典史衙宋在縣東七里靈氾橋今在正廳東

三友亭　亭植松竹梅令丞簿託以自見吳元年知縣戴鵬舉脩之王寶作記成化十五年吳珍復脩亦有數語以識元王寶記縣有令丞簿令宰一邑事無所不統丞君簿各有分職非若令之得專決前代史冊所書專稱令而不及丞簿今則書令佐職于縣事皆得預聞是非可否均當一體無持情獨斷之害視古制爲良會稽初入版圖于是縣令戴君鵬舉及縣丞胡君伯庸主簿盧君仲[illegible]寶皆一時之選下車臨政問民間之疾苦剗垢去弊光彩振發恆賦之外無橫斂之苛無呌囂之苦民皆鼓舞奔走樂于趨事政成治安相與無事日惟守法循理而已縣廨舊有亭廢久不治乃撤

而新之又加飾其欄楯環樹梅竹雜踈松其間景物瀟灑頓殊疇昔公事之暇則相與扶携至是對哦松竹商略古今清坐雅談爲事余歸自金陵間至其所愛其幽曠閒雅有不忍舍去之意三君子起而言曰是不可以無記余觀天下之植衆矣春而榮夏而長秋至氣肅而摧剥繼之獨松與梅竹凌寒不凋傲霜雪貫四時而不改柯葉豈非得天地剛健之氣而遂其性之貞固獨能久長而不衰故三者得以友稱而他木不與焉今邑大夫暨僚佐侃侃自治不爲物撓其節操剛特不變亦類於是夫藝木之初已期于自擬非偶然也木無殊于人事而人之節槩則有似焉故人以木而表見其性木以人而愈彰其名則凡處兹邑署而同治民者誠良益友也古者同僚爲友邑之僚適三人而無外與皆能以清操自持愈久峻拔將金石與交而終始益堅木不足以爲比豈獨是亭哉嗟夫登亭而觀木因木而思其人則亦使後之人知其所自而有省爾（吳玠識）余自丁酉冬來令兹土公暇

每詢前任有善政貽于邑者心竊慕之然久亦未得其人今公署後偶見碑石廢草莽間命洗而讀之乃戴君鵬舉令是邑與丞簿託松竹梅以自比名曰會稽三友亭記君之政績雖未暇究然觀此而其爲人可想矣余讀記因有感焉故重建以俟後有所考云

清遠樓 嘉靖十六年知縣牛斗建隆慶六年楊節繼之樓下畦瓜一莖三蒂而六實因更其名曰嘉瓜樓

集思堂 即後堂久圮康熙五年知縣王安世重建

縣令題名碑一座 嘉靖八年知縣王文儒立

右縣署唐垂拱二年建周二里前臨開元寺後月池坊廳後瀆河明洪武二年知縣戴鵬舉重建成化十二年吳珍脩正德四年陳玉脩別有寬簡堂綠漪廳在宋時所建者今廢

驛署

東關驛在縣東九十里（即古東城驛）門樓三間　正廳三間　穿堂三間　後堂三間　房四（文行忠信正從鋪陳各一副）

站船隨船正從鋪陳各一副

紅船隨船正從鋪陳各一副

支應每月若干舊驛在曹娥鋪右二百步其左即曹娥舊壩隔江岸二里許泥濘難行嘉靖間里人共捐產開河由曹娥場起至鳳凰山下移驛于壩邊臨江游東近上虞凡各上司往來差役以江心為界有站船紅船河船等水手值馬夫把門諸官隨夫役其擔負扯牵等項名曰募夫募夫向

有夫頭領縣工食僱夫應用工食又手往往逃竄三院司道及汛兵往來鎖拷居民不遑寧居萬曆年間知縣某立法將募夫工食給附近十三四五都里長免其雜項差役承值募夫

國朝順治年間大兵過往如織里長不能供應今兵役已寧民始休息總督趙嚴禁拖遞等弊碑立塔橋邊

便民倉在都泗門內　官廳三間　土地祠一間　大門三間　厫五十間　今廢已久

預備倉在便民倉內即古北義倉基　官廳三間　厫六間

按郡志縣東八十里有東義倉東南三十里有西義倉東南七十里有南義倉今廢

迎春亭舊在鎮東軍門左弘治中移至東雙橋上已而移至五雲門外每歲立春于此迎春

今灾萬曆間知縣楊維相重建常平倉亭在常平倉之前（陶望齡記）常平倉議發于浙江參政張公既奉僉肯檄所部諸州縣作之是歲丙申五月會稽尹　公以新倉報成倉處五雲鋪右故河泊所地西望郭前瀕大河航馳擔趨人力所湊官易監察而民便于出納廠地最宜土木傭力之直銀二百八十四兩零備者倉穀百有六石成屋大小十九間衺石墻六十六丈費最省倉之製正廳三間前擴之爲捲蓬間稱焉後引一室爲更衣所兩耳曰社學間稱焉學旁兩小房衡之東西翼爲廠房皆連七楹受粟度可八十餘石廳左方三楹曰土地祠右方者間稱焉前爲大門踞逵度逵瞰水楹者五特脩廣壯麗爲官廳門之兩隅各旁引八室列肆者僦于官而居焉夫會稽浙東首郡而五雲會稽東門大道也曩者歲首立春日郡太守率僚屬延句芒東郊導從無所止常止鋪中鋪湫隘履舄相蹈並涯民居喧穢省憲大官彈節無地吏民迎送參謁威儀弗悉二者皆大郡之辱治不可改倉

建而三利併焉閎其內可以萃宂盎巍外可以懲使舟跽拜有度將迎有體肅官常敬民事倉云乎哉以故厥規制最鉅備仲春始僝工踰兩月而成君地湧天營欻然就績民美輪奐不聞役作厥成最速公猶曰後之人其或墮吾緒而忘作之艱難爲買田若干畝取田之入與居肆者僦錢爲脩葺費是倉也庶幾可以常新厥謀又若斯之永也陶子曰官帑之紬甚矣倉者以爲藏也官未憂所藏而先殫于爲藏者爲藏者紬矣而何有于藏者哉雖然盈與紬非常數能者常有餘拙者常不足公是舉也有餘其力以獲有二善有餘其謀以貽後之人可謂真有餘矣真餘者紬不能紬非大過人之才力焉能辦乎夫常平之法自漢迄于唐宋往往官出緡錢爲糴本至明改爲預備凡納粟賜爵與掾吏免試罪人贖辜皆委輸于倉雖不置糴本而所積固已充羨焉則一預備而可矣厥後四方之積斂而內輸荒政所需徒取給紙贖比量分數嚴罰隨之長吏黽勉及程猶恐不逮即一預備

猶難焉然預備之法放而無所息出多不返積雖豐而易匱常平者反之息之苟有善者可以漸豐爲法較善獨今日時勢稍艱耳官不能具糴本一難也末下勸率之令而先遠抑勸之嫌二難也力殫于預備而綿爲常平三難也故非有大過人之才力無以善其事今新倉所儲既漸以贏矣民皆知我侯用心之苦而莫測其妙令繼者復如侯之日滋月息則倉其庶幾哉昔元晦之議社倉也說者所持異議郡邑皆空文相枝梧獨會稽山陰力行之而民受賜甚渥由此言之法無難易神而明之存乎其人信矣哉

【接官亭】即東道所在迎春亭東一里知縣張鑑創邑士秦位金堂捐地爲之基大門三間匾曰冊行畫圖正廳三間匾曰東道所

【分香亭】在稽山門外凡遇頒降御香皆迎至此亭二楹分王庠[illegible]二楹

分往宋攢宮永阜永穆陵今亭圯基存

養濟院附于府在山陰鯉魚橋西即宋時貢院故址院東屬會稽屋百餘間正德十四年知縣徐岱重脩今廢

寓署

曹娥場鹽課司在東關驛南隸兩浙鹽運司

紹興衛軍器局在縣治東南二里明初在紹興衛公署後洪武二十三年指揮趙忠移置于此即福果寺基

瀝海千戶所在縣三十三都纂風鎮隸臨山衛

常豐二倉在瀝海所隸餘姚縣

廢署

倉塘稅課司

三界稅課司

桑盆稅課司

蒿陡稅課司

五雲河泊所

桑盆河泊所 以上司所俱以本地名五雲桑盆二所俱宣德十年裁宋郡志載樊江巡檢司會稽楠[illegible]司湯浦紙局三界紙局曹娥稅場今俱廢

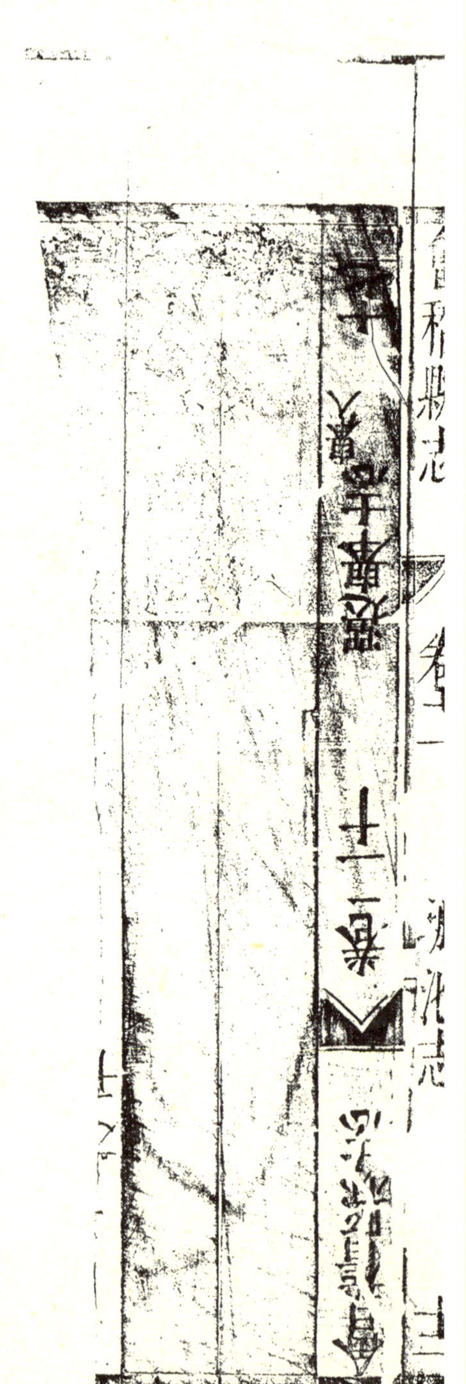

會稽縣志卷第三

山川志上

形勢　山

紀揚州之山川者在禹貢曰彭蠡曰三江曰震澤而止在周禮曰會稽曰具區曰三江曰五湖而止彼州者於天下九之一也今邑者於天下幾於千之一也一聖君一賢相書天下九之一之山川不滿一尺牘今之志會稽者書天下千一之山川乃累十數紙而未終且間有闕畧故哉秦以前天下

之地各屬其封國惟各屬其封國則王者制其貢而已耳不責其數可也故夏之物於揚州亦止曰貢金三品瑤琨篠簜齒革羽毛木而已周之物於揚者亦止曰金錫竹箭而已秦以後天下之地一統於京師惟一統於京師則王者雖制其貢矣不一責其數不可也故一毛一鱗之所產亦必稽於土登於版與壤畝等也而不敢以諉夫物不責其數故山川可畧也可畧故紀山川其大如州者不備一尺牘物責其數故山川不可畧也不可畧故紀

山川其小如邑者累十數紙而未終且間有闕[illegible]

形勢

夫郡邑之有形勢豈取于觀游哉會稽東有娥江北有大海南有杉木駐日嶀山諸嶺而西界於山陰約地六千頃丁男六萬人無事則耕食鑿飲有事則荷戈帶甲向者批東關撤清風嶺名屬嵊以與倭相從事據險擇利而進則所謂娥江大海諸嶺未必鄰封之不爲我而增壯也（晉書）孫恩入餘姚破上虞兩冦邢浦害謝琰冦邢浦雖不書何地然自上虞入必循會稽東道曹娥閒也（五代史）錢鏐出平水率奇兵破劉漢

宏之將朱褒於曹娥埭（保越錄）元至正時兵亂邑人裘廷輿結鄉兵設守駐日嶺而逅歲倭掠東關屯皋埠者往往從娥江入若所稱佳山水特游觀之具豈形勢之謂與已志在山川部中

東環娥江界上虞　北遶大海界海塩　南接杉嶺界嵊　西倚山陰東南阨嶀山界嵊　西南阻駐日界諸暨

山

南鎮會稽山在縣東南一十二里（周禮）揚州之鎮山曰會稽（山海經）會稽之山四方勺水出焉（史記）禹會江南計功而崩因葬焉命曰會稽會稽者會計也（注）禹到大越上苗山爵有德封有功因更名曰會稽（吳越春秋）禹還大越登茅山以朝群臣大會計更名茅山

曰會稽山（輿地志）會稽山一名衡山其山有石狀如覆釜亦謂之覆釜山（十道志）會稽山本名茅山一名苗山一名塗山吳夫差入越王以甲楯五千保會稽山（太平御覽）會稽之山古防山也亦名鎮山（三國志）虞翻曰南山攸居實爲州鎮隋開皇十四年詔會稽等山並就山立祠唐開元十四年封四鎮山爲公會稽南鎮曰永興公（唐地理志）會稽縣有南鎮永興公祠即此山也地志所著曰苗山曰茅山曰衡山曰釜山曰防山曰覆釜曰棟山亦曰南山寔一山也東北接觀嶺其上有盤石屹立曰降仙臺一曰苗龍仙人臺臺下有香爐峯永興公祠之側有茗鳴洶沙徑思古亭遺址山南別峯曰石傘峯之下有唐齊抗書堂苑蠡養魚池山西北五里即禹井禹廟宋名告成觀又西百餘步有大禹寺菲飲泉（汪）山與宛委相接宛委山即禹穴號陽明洞天（泊宅編）會稽東南巨鎮對案梅里尖謂之筆案其周回六十里此又兼言寶山也然則會稽云者諸山之通稱爾（晉郭璞贊）禹徂會稽爰

朝群臣不虔是討乃戮長人玉牒表夏元石勒奏

（唐孫逖詩）稽山碧湖上勢入東溟盡烟景畫清明九峯爭隱嶙望中厭朱紱谷內探元牝野老聽鳴騶山童擁竹軫仙花寒不落古蔓柔堪引竹澗入霜多松崖向天近雲從海山去日既江村隕能賦丘嘗聞和歌參不斂冥搜信冲漠多士期標準願奉濯纓心長謠反招隱

（李公垂詩）削平水土窮滄海畚插東南盡會稽山擁翠屏朝玉帛穴通金闕駕雲霓秘文鏤石藏元璧寶檢封雲化紫泥清廟萬年長血食始知明德與天齊

（宋高宗詩）六龍轉淮海萬騎臨吳津王者本無外駕言蘇遠民瞻彼艸木秀感此瘡痍新登臨望稽山懷哉夏禹勤神功既盛大後世蒙其仁顧同越句踐焦思先吾身艱難勝遷養聖賢有屈伸高鳳重君子屬意種蠡臣

（元吳萊詩）自我行至越因之成越吟會稽乃巨鎮擁拔天東南東南雖開闢大禹世所欽外方[illegible]嶼接支子桃廟臨磬韜或聲譙摽櫹惟力任收[illegible]黃熊化畫道應龍深衣冠千年定玉帛萬國冠[illegible]

烟專車骨落日望狎心盛德蔑以過遺祠尚兹獻
渤澥飲餘瀉蒼梧分遠陰前迎蓮花渚後擁筲箭
林猶廻劍出掉背鼓玉門琴秦皇舊時輦散亂何
可尋嘆去不忍去過遊更來今（黄元鎮詩）巨鎮東
南表海邦玉書金簡昔人藏雲從禹會鈞侯國星
列爵官負職方野遥舜苕秋樹老空山香火夕輝
凉恭惟歲徧宗祀勅使年年攝薦璋（明劉基詩）
會稽南鎮夏王封蔽日騰空紫翠重陰洞烟霞輝
州木古祠風雨出蛟龍　此日歸何處玉簡他
年豈再逢安得普天休戰伐不令竹箭困輸供（又
謁夏禹王廟有感詩）一片宫垣粉牖新前王陵廟
在松篛玉書金簡歸天地貝葉曇花詫鬼神滄海
波濤紆職貢山川艸木望時巡苗頑未御虞階舞
空使忠良淚滿巾（又感懷詩）朝登會稽山逍遥望
南訛禹穴已蕪沒禹功長不磨惆悵感往昔沉吟
發新歌誰言專車骨冠弁高嵯峨爲虺且復爾爲
蛇當奈何天門隔虎豹空悲涕滂沱（王守仁登香
爐峯詩二首）會從爐頂躡天風下數天南百二峯

勝事縱爲多病阻幽懷還與故人同旌旗影動星
辰北鼓角聲廻滄海東世故茫茫渾未定且乗溪
月放歸蓬（又）道人不奈登山僻日暮猶思絶棧雲
岩底獨行穿虎穴峯頭孤嘯亂猿群清溪月出時
尋寺歸棹城隅夜欵門可笑中郎無好興獨茵松
院坐黄昏（沈鍊宴集南鎮山池詩）桂席倚雲端山
禽舞合歡羽觴流滿月仙管發幽蘭香醖花能釀
清絲水共彈不知歌咏地猶作晋衣冠（蔣平階會
稽山辯）紹興舊志以禹陵南之覆釜山指爲會稽
山傳聞乖謬襲而不考一至此哉虞書以四岳爲
天子廵狩之所禹定九州各以道里適均之地大
會諸侯封其高山爲州之鎮揚之會稽其一也夫
王制五嶽視三公言德高地峻品物儀章莫隆于
此是則四隩之山惟此四者難可等倫故命之爲
嶽嶽者高也大雅賦崧高亦曰崧高維嶽峻極于
天言非二室三臺所能並也周禮職方氏不云嶽
而均謂之鎮鎮者尊也鎮猶嶽也然則會稽之在
揚州猶青齊之有岱宗漢南之有衡山也若覆釜

蜿蜒畀伏屈於諸山之下而名之曰鎮以與石闕日觀祝融玉女並稱赤帝之闕而表受命之符抑亦爽其實矣必若所云則作鎮金天者當于少華首陽而何必從太華七十二君之金泥玉簡當于云亭梁父社首肅然而奚必登介丘由斯以談覆釜之欲當會稽求諸義類無適而可按宋志作於陸待制游明志相傳以為徐山人渭代作二君素號淹雅豈其有遺漏與然則會稽山云何曰郎今所稱秦望者是山海經曰會稽之山四方勺水出焉南流至於湨諸山惟秦望其形削成而方有南流之水若天柱而下香爐宛委水皆北流與山經不合此一證也吳越春秋夫差入越越王以甲楯五千保會稽秦望險峻故可擐甲自衛敵不能仰攻若在覆釜之郎鳥散矣且其山僅可棲數十人耳五千之衆安所容足乎泊宅編亦云會稽東南巨鎮周回六十里覆釜未及里許何云六十里乎故舊志又曰會稽山者諸山之通稱爾彼刻石望秦皆可以會稽名之歷考古經并後賢緒論

秦望之爲會稽彰彰可據矣自始皇東巡登之以望東海輙置其故名既以榮號而謂之秦望蓋秦以後之文非三代之舊也宋陸忝法華山碑亦曰夏后氏巡狩越山方名會稽後世分而爲秦望釐而爲雲門法華其實一也而李斯所作頌德之碑其文蓋詔遂登會稽宣省習俗舊云碑在秦望則當昔時祖龍馳道之初其山名從故未之有改也然則覆釜之稱會稽者何居曰以南鎮之廟在其側也夫廟之立也必擇塏爽平衍之區廣可設壇場而塗足以通使臣之車轍若必于秦望則崎嶇斗絕非其便矣且以其無非會稽也故隨所擇而廟焉豈牲犢圭璧獨此培塿者能歆之哉

循端反覆於時人之惑可以豁然解矣

宛委山在縣東南一十五里（舊經）山上有石簣壁立干雲升者累梯而至（十道志）石簣山一名宛委一名玉笥有懸崖之險亦名天柱山昔禹治水功未成乃齋戒於此得金簡玉字因知山河體勢（水經注）玉笥竹林雲門天

柱精舍並疏山爲基築林栽宇割澗延流盡泉石之好（太平御覽）會稽石簣山上有金簡玉字之書夏禹發之得百川之理山有棲神館唐改爲懷仙館今爲龍瑞宮尚存（道書云）陽明洞天一云極元太元之天山嶺有飛來石其下有葛仙翁丹井山南有葉天師龍見壇（史記云太史公上會稽探禹穴注）大禹至會稽因葬焉上有孔穴民間云禹入此穴自舊經諸書皆以禹穴繫之會稽宛委山里人以陽明洞爲穴今無所攷惟唐鄭魴書禹穴二大字元微之銘而魴序之然昌黎送惠師云嘗聞禹穴奇東去穿甌閩越俗不好古流傳失其真則禹穴不可定名久矣（舊經）引遁甲開山圖禹治水至會稽宿衡嶺宛委之神奏玉匱書十二卷禹開宛委山得赤珪如日碧珪如月各長一尺二寸（唐宋之問詩）禹穴今朝到耶溪此路通著書聞太史煉藥有仙翁鶴往籠猶掛龍飛劍已空（晉帆搖海上天鏡落湖中水底零霜白山邊墜葉紅歸舟何處晚日暮使樵風（元韓性長短句）秦望幾下仍翠

入蓬萊城城中望山色明暗分陰晴老夫散策山前路爲愛看雲不歸去仰看驚怪鷺飛來回頭忽見雲生處崦中孤起如炊烟乘風騰上蒼崖巔崖巔宿雲喜迎接横空一幅兜羅綿天風吹散銀千縷淡處是烟濃是雨雲師㧑怒不肯回露出峯頭尺來許一雨三日溪水肥老夫欲歸不成歸雲師知我慘不樂故出小橋相娛嬉老夫作詩一笑領舉袖收雲散空迴倚松絶叫山下人仰看雲峯起山頂〔明〕王元章玉笥山詩幽窅無人迹空虛見遠天雪深山氣伏崖斷樹根懸烏鳥翻身入狐狸放膽眠老夫多脚力更欲上層巔

〔秦望山〕在縣東南四十里宛委山南高出群山秦始皇登之以望東海故名〔史記〕始皇三十七年登會稽山祭大禹望於南海立石刻頌秦德李斯篆書〔太平御覽〕南山有譙峴中有大城越王無餘之舊都也句踐語范蠡曰先君無餘國在南山之陽社稷宗廟在湖之南山有三巨石屹立如筍龍池冬夏不竭俗

號聖水傍有崇福侯廟今廢山在城之南與郡治屹對故謂之南山（姚令威叢語）予嘗上會稽東山自秦望山之巔並黄茅無樹木山側有三石笋有水一泓蓋即譙峴也（咸平中陸參譔法華山碑）夏后氏巡狩越山方名會稽后世分而爲秦望蟄而爲雲門法華其實一山然則秦望亦可以會稽名之耶始皇登此山以望南海又陟天柱之高峯以望秦中始有秦望望秦之名而秦望爲最著（十道志）秦始皇登秦望山使李斯刻石其碑尚存然以姚令威及王龜齡所記考之一以爲在鵞鼻山一以爲在何山未知孰是（秦頌德碑文）皇帝休烈平一宇内德惠脩長三十有七年親巡天下周覽遠方遂登會稽宣省習俗黔首齋莊群臣頌功本原事迹追守高明秦聖臨國始定刑名顯陳舊章初平法式審别職任以立恒常六王專倍貪戾傲猛率衆自强暴虐恣行負力而驕數動甲兵陰通間使以事合從行爲辟方内飾詐謀外來侵邊遂起禍殃義威誅之殄息暴悖亂賊滅亾聖德廣密六

合之中被澤無疆皇帝并宇兼聽萬事遠近畢清運理群物考驗事實各載其名貴賤並通善否陳前靡有隱情飾省宣義有子而嫁倍死不貞防隔內外禁止淫泆男女潔誠夫爲寄豭殺之無罪男秉義程妻爲逃嫁子不得母咸化廉清大治濯俗天下承風蒙被休經皆遵度軌和安敦勉莫不順令黔首脩潔人樂同則嘉保太平後敬奉法常治無極輿舟不傾從臣誦烈請刻此石光垂休銘（唐蕭翼詩）絕頂高山路不分烟嵐長鎖綠苔紋獨猿摧落懸崖石打破下方遮日雲（薛據詩）南登秦望山目極大海空朝陽半暘谷晃朗天際紅溪谷爭噴薄江湖第交通而多漁商客不悟歲月窮振緡近早潮蛋棹候遠風予本萍泛者乘流任西東茫茫天際帆栖泊何時同將尋會稽跡從此訪任公（宋陸游醉書石壁）秋雨初霽開長空夜天無雲吐白虹劈波浴海出日月拔山捲地驅雷風崑崙黃流瀉浩浩太華巨掌摩穹穹平生所懷正如此拜賜虛皇稱放翁放翁七十飲千鍾耳目未廢頭未

重向來楚漢何足道眞覺萬古無英雄行窮禹跡亦安在聊借曠快洗我胸濤瀾憂犯蛟鯉怒淵答或與精靈逢黃金鑄盡夬河塞俘獻顱秖長安宮不如翠華掃青嶂一寸毫健驚天公（王十朋詩）瞻彼秦望崇于會稽曷云其崇登焉而架孰登是山西方之人兮瞻彼秦望輕于會稽曷崇而輕名之以嬴孰名是山東方之人兮我登稽山思禹之蹟吾儕不魚繄帝之力我瞻秦望哀秦之過虐彼黔首其誰之禍禹駕而遊夏民以休有翼其行稷禼是謀政輟而狩嬴隨以仆孰稔其惡斯高左右孤竹兄弟殍于首陽山與其人嘉名孔彰谿辱以愚泉汚以盜物之不幸名惡而暴浙濤如銀鑑流如紳濯彼崔嵬勿汙以秦（宋林景熙詩）鑄石奇功席捲來眼中滄海一杯神山只在靈鰲背徐福樓船不見回（明唐之淳詩）秦鹿未云失龍駕此遐巡茫茫三神山虎視欲來賓時維四海內孰不讐狂秦睽睽千萬目相顧不及晨尚採不死藥樓船訪仙眞意欲世無儒一身當萬春遂令徐福輩奔走

空辛勤有之諒莫致兇乃無其人茲山幾茂春秋艸木披暗塵上有李斯碑磨滅無復存下有神禹陵佳氣日氤氳過者同歎息仁暴固殊倫（戴冠次前韻詩）嬴政已稱帝肆然竟東巡豈但求蓬萊亦欲海外賓築城虛防塞登山空望秦誰知鮑魚臭長夜不復晨丹藥本無驗神仙亦非眞豈有暴虐徒不死長青春唐堯尚徂落虞舜亦倦勤聖人會有盡況乃非聖人人生天地間弱艸棲輕塵往古與來今超然誰獨存山形自嵯峨山氣長氤氳寄語學仙者勿與狂夫倫（吳中詩）秦望之山秀且雄千巖萬壑環西東奇峯影落鏡湖水碧波蕩漾金芙蓉秦皇曾此窮躋攀泛海樓舡竟不還覇圖已卜千萬世何須更覓三神山冥然不見燕昭轍後心方惑神仙說皓靈已見泣西郊萬里東巡猶未歇黃旗翠蓋蔽林丘玉輦還爲幾日留琳宮貝闕耶何許一片蒼烟連蜃樓古臺千年迹如掃元氣靈長山自好崖懸石溜聲喧豗徑合松陰晝冥窅來爲覓先秦文悲歌不洗驪山魂斷碑剝落三

玉回首丹崖空白雲【書昱詩】西風吹浪海冥冥東
望長天萬里青莫怪麟洲消息斷
腥【王守仁用壁間韻詩】秦望獨出萬山雄紆鳥
道盤蒼空飛泉百道瀉碧玉華蓋千仞削古銅久
雨忽晴眞可喜山靈於我豈無以初疑步入畫圖
中豈知身在青霄裡遙島茫茫幾萬重此地猶傳
望祖龍仙舟一去竟不返斷碑千古原無蹤北望
稽山懷禹跡東巡秦皇爲情色暮日愛風精晚愁
歸雲乎捲春樹飛使飲來前樹石眠吊古傷今益
悃然未暇長嘯度二世且續蘇君觀海篇長嘯歸
來暮新侵山鳥山花冷不足夜深風雨逆我來小
構寒燈照憐揚寶冠記秦望山在越中最爲峻特
史記謂始皇東游至此故名予嘗以省覲歸留五
六載得遍遊會稽山僧來及所謂秦望者惟以爲
歉今年春抄玉巳後道嶠過予山中偶議及之乃
使人詢諸舟人茅夜陳徑微露報日可以登矣甲
辰之初與來逕至望仙橋宿一夜明日肩杖
往子會少尹趙惟衡皆會於日早至雲門寺宿經

余與[illegible]數百步有泉[illegible]而北至小阜幾在霄漢間[illegible]者曰此[illegible]數十步石益峻徑益縈曲與人皆[illegible]以上或後或先或[illegible]至山之絕頂而[illegible]一白雲起天末[illegible]一帶入山累累[illegible]如卷[illegible]南[illegible]左右拱峙[illegible]如[illegible]小[illegible]映帆影出[illegible]若有若無蓋一[illegible]數百里之土[illegible]與夫千巖萬壑之爭[illegible]者昔在[illegible]之下一覽而盡久之落日漸低[illegible]色四合崖谷黯黯林木[illegible]動乃尋舊路而下是夕復宿于寺予宿[illegible]在[illegible]曰大哉觀乎吾[illegible]人生長于斯有[illegible]一至焉者今日之[illegible]非幸歟予曰傳有之不登高山不知天之高也不臨深[illegible]不知地之厚也[illegible]且爾況所謂泰岱恒華者[illegible]夫人之[illegible]其[illegible]大所極亦有然者[illegible]予[illegible]目病無所於進矣惟諸君子[illegible]之[illegible]侯曰是遊也不[illegible]于[illegible]而終以規盡記之以示[illegible]因書諸石若乃始皇之事固無足道而[illegible]

之勝亦非秦所能專也劉長卿詩名嶽結幽想遐攀
藉群仲徽纂經峭壁披篠臨迴磴溪流淨朝碧林
禽雜春弄遠眺眷前蹤慷慨悲世夢酈道元越中
注秦望山在州城正南爲衆峯之傑陟境便見史
記云秦始皇登之以望南海自平地至山頂七里
懸磴孤危徑路險絕記云攀蘿捫葛然後能升山
上無高木當由地迥多風所致昔大禹即位十年
東巡狩崩於會稽因葬焉有鳥來爲之耘春拔艸
根秋啄其穢是以縣官禁民不得妄害此鳥犯則
刑無赦山東有硎去廟七里深不見底謂之禹井
云東游者多探其穴也張元忭記吾越巖壑之勝
甲天下雖權而出遊遠近數十里之內其爲奇峯
邃谷性不好泉者信步皆是而群山所宗惟秦望
爲最高環秦望之麓浮屠之宫若明覺普濟廣福
天衣今皆湮于榛莽而自義熙迄今千餘載故址
儼然唯雲門爲最盛萬曆甲戌余以省覲歸讀書
雲門春既暮乃挈壺榼以往由石簣折而北數百
步爲白乳泉又三里許抵秦望之足有峯聳起如

削當山之半從者指曰此錢刑部修眞之所余扶掖而行與步相半見有石壁立當峯之前上爲龜趾鳴泉淙淙遠出其右松檜蓊欝可悅嘆曰昔者入山子棄妻子焚衣冠巢栖於此者凡八年虎豹之與群猿狖之與居即所學畔孔氏乃其處志而苦行超然塵埃之表可不謂奇男子哉而使之泯没無傳是吾黨之過也客曰然請鐫其石曰錢公巖自此磴益危徑益窄後先相尾攀蘿葛而上僅什屢起屢酌屢憩乃陟其巔巔廣可數丈平衍無木相與藉茅趺坐俯而四矚萬山羅列其下東望則宛委香爐之間夏后氏之所藏也西望則鵝鼻茅峴逶迤相接志稱秦皇之刻石無餘之故都在焉北望則海波如練郡城如帶萬井如鱗臥龍飛來諸山纍纍如塊慨焉想句踐之雄風慕少伯之遐舉南望則雲門諸峯起伏萬狀若耶一水濙濙如縷任公子之所垂釣王謝何陶諸賢所從處而遨也觀覽既周引觴浮白歌咏交作須臾有白雲從海上起漸升漸漫歘吸彌四野不辨上下疑神

龍驟至蛟螭群從颯而風起谷應猿虎號嘯從者皆怖客曰有是哉山靈之妬吾遊也余曰不然是山靈之幻奇逞態以壯吾遊也且夫宇宙之大也變化無窮而吾之不變也自在鼠肝乎蟲臂乎何適而不可且混沌之鑿也久矣茲辰也將遂返於初乎吾且駕六氣御豐隆搏羊角而逍遙乎八極是區區者又胡以動搖吾中邪頃之雲作開已又合如是者數四忽復爽朗遂循舊徑而下日方午農者兢饁矣是遊也攬山川之勝窮雲門之奇既夜而寐猶恍恍然如在會稽之上烟霧之中也詰旦爲記勒之石

留雲門方丈中

刻石山在縣西南五十里一名鵝鼻自諸暨入會稽此山山爲最高以始皇刻石在其上故名姚令威叢語嘗上會稽東山自秦望行小徑至一山俗名鵝鼻山頂有石如屋插碑其中文皆爲風土所剝隱約就碑可見闕畫如禹廟沒字碑之類不知此石果岑石歟非始皇之

力不能攀於石中此山險絕罕有至也山上有洞曰風洞遇陰雨聞鼓樂聲郡志鵝鼻山石星故在碑不存（晉王彪之詩）隆山嵯峩崇巒崔嶢蔚觀滄洲仰拂元霄文命遠會風淳道遜秦皇遐邈邁茲英豪宅靈卷阿銘跡峻嶠（陸游詩）街頭旋買雙芒屩作意登山殊不惡蒼崖無罅竹邊迸崩石欲墮松根絡懸高開豁快送目歷險崎嶇危着腳川雲忽起兩蛟舞瀑水高吹萬珠落大巖空蓊誰所劖絕壁峭立端疑削坡平或可容百人峽束僅容飛一雀蛇蹊岌岌頭自眩鬼谷慘慘神先愕秦皇馬跡散莓苔如鐫非鐫鑿非鑿殘碑不禁野火燎造物之報焚書虐人民城郭俱已非煙海浮天獨如昨

望秦山在縣東南三十二里與秦望山相接稍北始皇登之以望秦中者也一名天柱峰一名卓筆峰（王十朋風俗賦云）陟秦望而望秦兮（林景熙詩）誰卓孤峯紫翠巔流泉一派到宮前却憐千尺擎天柱不住東南半壁天（劉基游深居精舍記）深居

精舍者雲門廣孝寺上人浮休公退居室也上人有文行賢士大夫無不與交深居去雲門十里而鹿初入溪口有奇石拔起沙水中狀如折桂其下者如伏獸其名曰釣臺其石罅皆有樹自釣臺溯谿入谿色湛碧兩岸皆秔稻風過之其香菲菲然有三山鼎足列狀如三獅子九墩錯其間爲丸毬深居在三獅子中其背山曰柯公之山山上有潭潭中龜白色有龍恒出作雲雨歲旱禱輒應其右山曰化鹿之山亦曰鹿頭相傳葛稚川既化爲仙有木几亦化爲鹿在此山其外山曰秦望其左山曰木禾木禾視群山爲最高其前山曰鵝鼻之峯其高與木禾等峯頂上石突起望之如鵝鼻大海在鵝鼻東北其上云有秦時碑今亾之矣鵝鼻北下小山曰望秦望秦在秦望北又北曰天柱曰玉笥又東北爲陽明之山是爲禹穴其下維湖予既至深居與浮休公語極相得又愛其有美木佳水石花竹且靜僻無妄人跡雖隆暑不汗因留八日出既出而心恒思〈劉基若耶溪杳郭深居精舍詩〉

上人好山居入山惟恐淺紆餘迭淵洑結構依峨嶒岡巒外挺拔水木終隱顯其前對鵝鼻突兀王冠晃其旁連木禾積翠森偃蹇後有獅子岩嵒崒露巘巉春花炫陽林秋艸馥陰畎高通雲雨過則見星斗轉桃源不遠求箕潁安足踐我來三伏凉羈懐忽如展談經道心融聽法俗慮剪踈窓夜深啟孤月掛遙峴空濛白毫光閃鑠動崖巘何當此卜隣永用辭澳涵

雲門山在縣南三十里秦望南晋義熙二年中書令王獻之居此有五色雲見詔建雲門寺後析爲六曰廣孝曰顯聖曰雍熙曰普濟曰明覺今有雲門寺廣孝寺詳見祠祀志下唐杜甫詩若耶溪雲門寺青鞋布襪從此始〇旁有好泉亭松花壇麗句亭今皆不存梁釋洪偃詩杖策歩前嶺褰裳出外扉輕羅轉蒙密幽徑復紆圍松高枝影細山靜鳥聲稀石苔時滑屐蟲網乍粘衣澗旁紫芝燦巖上白雲飛杉樟[illegible]烟出鴉鶴逐雲歸穹谷無往還攀桂獨依依唐

勃脩禊雲門獻之山亭叙　觀夫天下四海以宇宙爲城池人生百年用林泉爲窟宅雖朝野殊致出處異途莫不擁冠蓋於烟霞披薜蘿于山水况乎山陰舊地王逸少之池亭永興新郊許元度之風月琴堂寥落猶停隱遁之賓釀渚荒凉尚有適逢之客仙舟蕩漾若海上之槎來羽蓋參差似遼東之鶴起或昂昂騁驥或泛泛飛鳧俱安名利之場各得逍遥之地而上屬無爲之化下棲元邈之風永淳二年暮春三月脩禊事於獻之山亭也遲遲風景出没媚於郊原片片仙雲遠近生於林薄襍花將發非止桃溪遲鳥亂飛有餘鸎谷王孫春艸處處皆青仲統芳園家家並翠於是携旨酒列芳筵先祓禊于長洲却申文而促席良談吐玉長江與斜溪爭流清歌遶梁白雲將紅塵並落他鄉易感且悽恨於兹辰羈客何情更歡娱於此日加以今之視昔已非昔日之歡後之視今豈復今時之會人之情也能不感乎宜題姓字以傾懷抱使夫會稽竹箭或推我於東南崑阜琳琅亦歸余於西

北（崔顥詩五首）輕舟去何疾已到雲林境起坐魚鳥間動搖山水影巖中響自答溪裡言彌靜事事令人幽停橈向餘景（又）落日山水清亂流鳴淙淙舊蒲雨抽節新花水對窗溪中日沒時歸鳥多爲雙（又）杉松引直路出谷臨前湖洲渚晚色靜又觀花與蒲（又）入溪復登嶺艸淺寒流速圓月明高峯春山因獨宿松陰澄初夜曙色分遠目日出城南隅青青媚川陸（又）亂花覆東郭碧氣錯長林四郊一清影千里歸寸心前瞻王程促卻戀雲門深畢覽有餘興到家彈玉琴（張渭詩）共許尋雞足誰能惜馬蹄長空淨雲雨斜日半雲霓簷下千峯轉窗前萬木低看花尋徑遠聽鳥入林迷地與喧譁隔人將物我齊不知樵客意何事武陵溪（王維宿雲門上方道一上人院詩）一公棲太白高頂出雲烟梵流諸洞徧花雨一峯偏跡爲無心隱名因立教傳鳥來還語法客去更安禪晝涉松蹊盡暮投蘭若邊洞房隱深竹靜夜聞遙泉向是雲霞裡今成枕簟前豈惟暫留宿服坐將窮年（劉長卿上巳日

與鮑侍御汎若耶游雲門詩）蘭橈漫轉傍汀沙應接雲峯到若耶舊浦滿來移渡口垂楊深處有人家永和春色千年在曲水鄉心萬里賒更見漁舟時借問前村幾路在烟霞（宋錢惟演詩）精舍儼巖巘香林結薜蘿崇臺含夕靄危閣架春波爭飲供蒲寡眞詮譯貝多幾時輝畫錦松下駐鳴珂（范仲淹詩）一路入嵐堆還經禹鑿開林無惡鳥在巖有好泉來雲陣藏雷去山根到海迴莫辭登絕頂南望即天台（蘇舜卿詩）翠嶂環合封白雲中有蕭寺山爲隣老松偃蹇若傲世飛湍奔薄如避人蒼猿嘯斷夜月古丹花開落陽崖春盤桓幾歲日不忍去舟出耶溪猶慘神（陸游詩）蕭寺久不到偶來幽興長螘穿珠九曲蜂釀蜜千房雨過山横翠霜新橘弄黄年衰道不進珍重一爐香（明劉基詩）平旦出雲門亭午至靈峯山盤澗縈紆谷深巖嶂重竹露滴皎皎林霞散溶溶渡石苔蘚滑披蘿烟靄濃頗喜禾黍成可以慰老農野艸各有色熙水似銜容徐行恐觸熱聊憩崖下松時聞幽鳥鳴亦足開心

胸慨懷陶隱居丹竈今無踪千將與莫邪俱已化爲龍空餘遠山色菡萏青芙蓉（高啟詩）旅思曠然釋置身蒼林杪群山爲誰來歷歷散清曉奇姿脫露雨奮首爭欲矯氣通海烟長色帶州郭小曲疑藏啼鶯橫恐截歸鳥流暉互蕩激下有湖壑繞佳處未遍經一覽心頗了秦皇遺跡泯晉士風流杳願探金匱篇振衣翔塵表（唐之淳詩）昔在晉義熙茲山有卿雲問之何人居丞相中書君雲門韶所錫塔廟日以蕃珠宮映璇題縹緲飛鴻騫長廊夾修竹仰不見埃氛天樂六時作異香十里聞一綫兵馬興烽火若雲屯嚮來五色物化作烈熖焚蕭條紺園夕零落碧艸根山僧或哀號識者興嘆言峩峩此名山上與星辰連宮墻被其臏丹青浣其顏人事幾摧贓蒼翠終古存山川有至性外物奚足論（汪應軫詩）不到雲門路曾爲越上人千年夢青嶂萬里脫紅塵山鳥如迎客林花欲駐春登高有餘興于敬亭相隣（陶望齡）泛若耶至雲門寺詩兩岸十里蒼筤根中藏十溪雲月髓嫩粉生香筍

出林老枝壓地花成米溪上老翁撑竹船摘米炊枯弄清泚月下何人見往來惟有山猿同臥起（又）結葉垂花老檻臥四山無風午剛蹉扳花蔭葉橋畔凉葛屨僧衣安穩坐田家初飽麥上塲溪雨新過水推磨林間起步餘聽清青梅滿架雀卵大（又）五雲山前盤古樹會見前朝老謝數六寺鐘聲何處盡殘僧惟有粥呼魚䈝天已過麥地瘦一飯山厨鮭菜無青鞋布襪客何意擔水揭揭來澆蔬（劉）基遊雲門記語東南山水之美者莫不曰會稽豈其他無山水哉多於山則深沉杳絶使人憯悽而寂寥多於水則曠漾浩瀚使人望洋而靡漫獨會稽爲得其中雖有層巒複岡而無梯磴攀陟之勞大湖長谿而無激衝漂覆之虞於是適意者莫不樂往而余宿聞會稽有雲門若耶之勝思一遊而不可得甲午之歲始至越以事不得遊明年春乃與天台朱伯言東平李子庚會稽富好禮開元寺僧偕往遊則知所謂雲門若耶果不謬於所聞於是慨然有留連徘徊之意而以事復止不能如其

願遂自廣孝寺度嶺至法華山而歸于普濟明覺諸寺名山古迹多不得一寓目而余之興終未已也其年六月乃復與靈峯奎上人往頗得觀所未歷而向時同遊之人皆不在焉予每怪古人於歡會之際輙興悲感良非過矣昔唐柳先生謫居嶺外日與賓客爲山水之遊凡其所至一丘一壑莫不有記夫嶺外黃茆苦竹之地有一可取猶必表而出之而况於雲門若耶以山水名於天下者哉

何山在縣東南四十七里與雲門山相接南宋何胤所居王龜齡詩中謂秦刻石在其上詳見古蹟何胤宅下

宋梁安老送古碑與王十朋詩　公生博物好奇古勸我搜求秦望碑我來稽陰已三年夢寐絕頂雲俱馳是非近代問父老鼻祖以來猶不知或云其山多虎狼淵湫罅井蟠蛟螭魍魎木客忌人到陰霾賊霧迷羊岐樵夫懸磴懼失勢一落千丈誰能知吾意如此鍾乳穴民昔畏擾相禱歎曩時山頂之界石磅礴入海無津涯固知秦人遊戲餘筆

民之利寧一時暇日登臨雲門寺僧曰若耶溪上奇山曰何山勢最峻丹鶴夜宿天孫枝南望天台西錢塘下視峯岫如群兒李斯篆書眞刻本昔人避亂此見之裹糧遂偕墨士往攀崖貫木如鹿麋舉酒酹觴山之神千古呵護煩神司銷鑠僅存三尺許龜趺就鑿山石爲劍苔剔蘚隨手剥面節背角摧霜皮老龍脫甲蛇解蛻鋪紙拭墨漫披離收藏入袖恍若失遐想往昔還嗟咨我聞太古坊德盛鋪寫不盡乾坤儀詩書紙上自不朽金石還有磨滅期秦皇不慕仁義業直謂堯舜猶瑕疵焚書欲蓋前代美寧聞伏生傳有頗後人不廢丞相書歌頌雖在多浮詞惜哉此紙無一畫欲記傳示人應嗤他年好事繼追訪姑願首尾觀吾詩（王十朋次梁韻詩并叙）會稽秦頌德碑丞相李斯篆在秦望山世莫知所在教授莫君好奇嗜古捜訪尤力有言碑在何山者莫以語其何山見圖經在秦望東南疑其眞秦望也某欣然欲往職有所拘以告會稽尉梁君梁慨然而行登山果見之碑石僅存

字磨滅已盡墨片紙而還作古風長韻具記始末因次其韻且記吾三人好事之癖以示後人也姬巖遺跡存者稀世傳石鼓稽山碑石鼓揄揚得韓子文與二雅爭驅馳秦碑夸大頌功德理沒艸萊無人知或言山頂石猶存上有虎豹龍蛇螭神藂鬼護荆棘蔽崖懸磴絶登無岐廣文好奇探禹穴梅山好事尋儈支我贊其行要親覩勿受世俗[illegible]傳欺望秦秦望兩嶄絶何山壁立東南涯豈碑[illegible]植最高處不知磨滅從何時剔苔掃墨了無有[illegible]糊片紙亦足奇濃雲靂霽晴將雨古木槎牙蟠[illegible]枝歸來走筆出險語訶政此斯同小兒詩成得[illegible]寫寄我辭嚴意偉法退之我聞秦人滅六國酷苦犬齧臨江麋先王法爲秦所負負秦況有秦有司五經灰飛儒濺血堯舜周孔何能爲上蔡獵師趂小篆下視俗體徒肥皮東封泰山南入越大書深刻光陸離沙丘風腥人事變鬼餓族赤誰嗟咨漢興萬事一掃去惟有篆刻餘刑儀磨崖欲作不朽計其如歷數不及期蚩尤五兵紂漆器人鑄[illegible][illegible]

舜相遊我雖過秦愛遺書禹山入鑿頻支頤不須嶧陽訪秦刻不用遷史觀雄辭虛堂默坐對此溦問舉措想君勿嗤要知秦碑沒字本却類周頌無辭詩

刺浯山在雲門山南一名明覺山山不甚高登其巔則見雲門陶晏諸山林列其下陰壑凡之盛夏爽然如秋其名明覺者蓋明覺寺基也山頂有池大旱不涸

若耶山在縣南四十四里下有采蓮田東又有若耶嶺下復有潭潭上有葛仙石舊經葛元學道於此元既仙去所隱白桐几化白鹿三足共行兩頭各更食晉謝敷宋何胤亦居此山[illegible]時山發洪水樹石漂拔其室獨存釋謙[illegible]詩蕭蕭物色晚蕭蕭天氣清旅人聊策杖登高傷客情川原多舊迹墟里感新名宿烟浮始旦嵐日照初晴遠行之[illegible][illegible]餘步[illegible]逢迎信美非吾土賞心何易并

赤堇山在縣東三十里會稽山東南〔舊經〕歐冶子爲越王鑄劍之所一名鑄浦山〔越絶書〕赤堇之山破而出錫亦名錫浦山〔張景陽七命〕耶溪之鋌赤山之精赤山即此旁有井歐冶子取水以淬劍曰歐冶井有洞曰玉洞

白鶴山在縣南一十五里會稽山東樵風涇下一名箭羽山山側有石室砥平可容數十人〔孔靈符會稽記〕射的山西南有白鶴山此鶴嘗爲仙人取箭漢鄭弘嘗得遺箭於此

射的山在縣南十五里與白鶴山相對〔舊經〕山西有石室類獅一名獅子巖仙人射堂也東峯壁上有白點如射侯土人常以占穀貴賤諺曰射的白米斛百射的黑米斛千〔唐李白送人遊越詩〕仙人遊射的道士在山陰

石旗山與射的山相連形如張旗故名旁有一石砥平可容數十人宋建炎中士夫避地於此

石人山在縣東南二十五里

石帆山在縣東十五里射的山北石壁高數十丈中央少紆狀如張帆（十道志）山遙望如張帆臨水下有文石其狀如鴿曰石鴿（宋之問詩）石帆來海上天鏡出湖中（王十朋風俗賦）石帆如揚石鴿如翔（宋謝靈運詩）軌息陸途初枻鼓川路始漣漪繁波漾參差層峯峙蕭疎野趣生逶迤白雲起登臨苦跋涉瞬盼樂心耳即翫翫有竭在與與無已（酈道元注）山東北有孤石高二十餘丈橫八丈望之如帆因以爲名北臨大湖水深不測何次道作郡嘗於此水中得烏賊魚南對精廬上蔭修木下瞰寒泉西連稽山皆一山也東帶若耶溪溪水上承嶕峴麻谿谿之

下瓜潭周數畝甚清深瓜石臨潭垂崖俯視獠狖驚心寒木被潭森沈駭顫

葛山在縣東一十里射的山北越絕書句踐種葛於北山使越女治以爲布獻吳王採葛者歌曰嘗膽不苦味若飴令我採葛以作絲女工織兮不敢遲弱於羅兮輕霏霏號絺素兮將獻之

鹿池山在縣東南八里會稽山東北嘗有白鹿故名一云越王養鹿於此下有飲水池俗呼鹿墅山

香山在鹿池山東俗傳木犀繁華故名

洞浦山在縣東南二十四里香山東舊經即湖南龍尾山西南之趾今呼曰桐塢明蕭鳴鳳詩二首洞浦春光定以入分雙梅開過次芳尊烟溪柏棹波新漲花雨濇

衣曉正溫塵世似嫌青眼窄好懷難與薄夫論乾坤如此不行樂辜負先生獨閉門（又）路轉危屏入翠微新亭上與白雲齊半山梅雨催苡履十里松風沁葛衣怯裡身心成悵快靜中圓化自推移主人已解躋攀意爲挈壺觴聽鳥啼

龍尾山在洞浦山東南以形如龍尾故名又名楊梅山

下臯山在縣東三十里洞浦山南

寶山在縣東南二十五里下臯山東一名上臯山宋南渡梓宫攢於此山旁有白鹿尖新婦尖鷄籠山五峯湯瓶諸山相拱衛

紫雲山在縣東南五十里寶山南舊經昔有游龍憩於此山常見紫雲故名

姥山在縣東南十五里山南二里又名姥嶺

白鹿山在縣東南二十九里犬亭山之南

大白山在縣東南七里

小白山在縣東南八里

富盛山在縣東四十里寶山之東

鳳凰山在縣東南四十里寶山東山形肖鳳上有烏石將軍廟

錫山在縣東五十里寶山旁舊經越王採錫於此

跳山在縣東南三十五里富盛山北俗傳錢王鏐微時販鹽官兵跳躲此山石壁書大吉二字

橫山在縣東三十四里跳山北俗所稱者有小橫山大橫山〔舊經〕山有艸莖赤葉青人死覆之輒活

銀山在縣東五十里橫山東無艸木產銀砂舊有禁毋得擅開而居人往往聚衆盗發之不惟礦氣所攻田禾盡槁而起爭召亂實由於此宜嚴爲之禁庶可弭盗安民矣

北山與銀山連其頂有穴可容二十餘人

鷄山在縣東南六十里康家湖北〔越絶書〕又云在錫山之南句踐畜鷄於此時將伐吳用以享士也

雀鳴山在縣東南五十七里鷄山南〔郡志〕山上時有鶴鳴故名

東化山一名將軍山

西化山一名筆峯旁有龜鶴二山與東化相接在雲門上

龍惠山在縣東南七十里傖塘埠上有龍王祠禱雨池

諸葛山在縣東南六十里以諸葛洪嘗棲於此故名山高數千仞周亘五十里懸流百餘丈下射石曰如雷其麓有諸道人屋舍基有丹井有仙人石其象如鏤旁有鷹嘴巖高數十丈巖上爲群鷹窠焉攫狐兎委諸中人往往拾其墮者右有龍池可禱雨

黃龍山在諸葛山之半有寺曰延安亦有葛仙丹井在寺殿之後

閣老山在諸葛山東左視如屛右視如筆九井在其下

靜林山在諸葛山西南上有龍潭祈雨輒應

銅牛山在縣東南五十八里靜林山西即越王鑄冶處（舊經）

常有銅牛見於靈汜橋人逐之奔入此山掘地視之即銅屑也

舜哥山在縣東南四十里銅牛山西一名筆架山俗傳大舜遊憩於此殆譌耳高可十里餘上有水田可稻緗黄之流往往茨其上

太平山在縣東南七十八里舜哥山東南晉謝敷隱居於此（晉孫綽銘）嵬峩太平峻踰華霍秀嶺樊緼奇峯挺崿上干翠霞下籠丹壑有士冥遊默往寄托肅形若林映心幽漠亦既覯止渙焉融滯懸棟翠微飛宇雲際重巒蹇産廻溪縈帶被以青松灑以素瀨流風竹芳翔雲停靄

西湖山在縣東南二十二里西湖之旁其山甚幽邃可觀

天荒山在縣東南八十里下爲駐蹕嶺山不生艸木故名

石龍山在縣東南百十里天荒山東多松楮木

儲山在縣東南一百四十里風土記越王供儲在此又云張璐種田立廥倉於此山故名俗稱粟山

嶀山在縣東七十里下臨舜江與上虞接壤山高銳如削其巔有洞廣八尺深十餘丈清絕可愛一名嵩尖舊經漢駱夫人學道于此昇仙有石室石井丹竈

豐山在縣東北六十二里嶀山西北臨曹娥江錢王鏐破劉漢宏將朱褒於曹娥進屯豐山褒等降于此

稱山在縣東北六十里豐山西北北環大海舊經越王

稱炭鑄劍于此俗呼稱心山明章弘仁九日往遊詩露冷風高鴈唳哀林深松暝鶴飛來攜壺並上翠微坐對景遺憐黄菊開十里浮雲歸別島半江寒日射荒臺謾誇落帽龍山興嘉節重逢也醉回

脊山在縣南四十三里

鄭弘山在縣東南三十里弘仕後漢爲太尉山以弘得名

稷山在縣東五十里稱山南舊名稷山越王種菜于此後漢謝怡吾爲稷鄉嗇夫即此越絶書句踐齋戒壇也亦曰齋臺山十道志一名椋山

褚山在稷山東

斡山舊經山南有許詢宅十道志許詢宅側許公巖之南有落星石

陰山舊經秦始皇移在會稽山北有陰山之稱

瓜山在稷山西南

白塔山在瓜山側有寺及典善將軍廟

犬亭山在縣東南三十里寶山北舊經越絕書並云畜犬獵南山白鹿欲以獻吳故曰犬山其亭爲犬亭歲久相沿呼爲狗山又曰吼山俗謂宋欑陵所在諸山皆拱此山獨否故名之曰吼取呼而相向義也陸游祖宅左丞佃以前墓俱在此好事者摭其景爲八題咏頗多曰犬亭雲石者緣此山盡白石爲工人所伐獨有孤存者一笋矗霄可數十丈亭亭如雲曰牛塚烟籬謂脊且與陸佃同仕且先死一夕夢且來告已得譴爲牛輓於錢塘大日佃詣其處牛果淚下佃買歸夏則帳芻之已而震死瘞之山旁又云是陸游事曰小徑沿螺者謂山之濱有巨石形似螺能遶山浮移舟至陸氏門其年輒有第者曰夜頻礙舟楫爲漁人撾之而定曰石洞朝霞在山

之北岸有小山曰曹家山舊亦伐石玲瓏若戶牖久蘿木蔓之而積水成深潭移舟其中一洞天妙景也其他四景無實故不採○犬亭山頂有菴在于雲石之西其松竹欝森旁有吼岩可望龍尾下臯諸山○犬亭山舊有旱宕陶氏書室（袁弘道記吼山石壁悉由斧鑿成峭削百餘仞乍見亦可觀山下石骨爲匠者搜去積水爲潭望之洞黑汗深不可測每相去數丈留石柱一以支之上作石蓋下爲深淵中有門闥洞穴窈窕迂廻雨後飛瀑綴簾而下余等自外探望輿不可過呼小舟遊其中潭深無所用篙每一轉折則震蕩數四舟人皆股慄因停舟石壁下觀玩良久乃上陶氏有山房在此頗稱幽奇然荒蕪甚軒前草深一丈餘矣○邑人徐胤定捐資改爲空明庵

曹山在縣南東三十里犬亭山之西有菴名護生菴菴後爲放生池摠名水宕陶氏有書室三俱婉麗奪目中有樓一間小房四間松竹廻遶名曰石簣山房陶望

齡讀書處〔張岱記〕曹山石宕也鑿石者數什百指絕不作山水想鑿其堅者瑕則置之鑿其整者碎則置之鑿其厚者薄則置之日積月累瑕者墮則塊然阜也碎者裂則巋然峯也薄者穿則砑然門也由是堅者日削而峭壁生焉整者日琢而廣廈出焉厚者日磥而危巒突焉石則苔蘚土則薜荔而蓊蔚興焉深則重淵淺則灘瀨而舟楫通焉低則樓臺高則亭榭而畫圖萃焉則是先之曹山爲人之所廢而人不能終廢之此其間有天焉人所不能主也昔邑中紳士游曹山或携聲使以至乃主是山者作山君檄曰爾絲竹汚我其以檄荅者曰誰云鬼刻神鏤竟是殘山剩水主者曰此丈人定案也遂以四字磨崖勒之吾想山爲人所殘其所不得不殘而復爲山水爲人所剩而剩其所不得不剩而剩還爲水山水崛強仍不失其故我若使此山如未鑿之先毫髮不動則亦村中一丘垤已耳棄之道旁人誰顧之又使此山于既鑿之後剷削都盡如箸簀諸山形跡不復存又誰顧之

故世有摧殘之苦而友得摧殘之力者曹山是也

箬簣山在縣東一十二里洞浦山西北（舊經）秦皇東游于此供芻艸俗呼遶門山巔有小庵數間群峯環峙諸水遶流藝竹種茶幽清可玩山多堅石取用甚廣

少微山在縣東一十二里箬簣山北宋職方郎齊唐深居處也山與會稽山相望小而幽致唐因名其山曰少微嘗自爲詩云㝠當山面開三逕平截波心種緑楊有郎官巖（宋楊埙詩）碧玉莫遮千嶂石黄金難買一溪雲謌鐘此地徒誇盛爭似松風竟夕聞

土城山在縣東六里少微山西北越王作土城以貯西施故亦名西施山今五雲門外皆曰土城村西施里（吴越春秋）越王使相者求美人得之苧蘿山鬻薪之女鄭旦飾以羅縠教以行步習于土城教于都巷三年學服而獻吴王（徐渭記）土城蓋句踐作宫其間所

以教西施鄭旦而用以獻吳又曰恐女樸鄙故令近大道則當其時此地固鉅麗要津耶更數千年王者不可問矣而山高不過數仞叢灌踈篁亦鮮澄可悅上有臺臺東有亭西有書舍數礎舍後有池以荷東外折斷水以菱而亭之前則仍其舊曰脂粉塘無所改出東南西而山者聳秀不可悉悉名山也遶其舍而畝者水者不可以目盡以個以漁以桑者畫畝與水無不然嗟夫土城一山耳始以粉黛歌舞之宮當美麗傾都之孔道今且變而遷之一旦寥寥然爲墟落田夫野老徘徊耕釣於其間或拾其墮釵于鋤掘道于陰晦往往詫野火轉燐于其夜兒童感而嘘野人有聚而談者矣至其易治以樸易優伎以農桑則有識者未嘗不怨其悲而爲之一笑也

陶望齡詩　西施乍入吳宮裏承恩日日飄羅綺忽見飛塵入舞樓空悲霸業隨流水吳王宮中秋草生姑蘇臺上秋風起臺上朝看麋鹿遊五湖莫逐鴟夷舟深閨那識風波險長波淼淼徒含愁一去年年不復春若耶羞殺采

蓮人嬌歌妙舞知何處玉貌花顔已作塵可憐[illegible]
城一片石猶存西子千秋跡幽谷陰森滿薜蘿上
風蕭颯搖松柏山中落花人跡少山頭落日聞啼
鳥眼前不見越臺高誰人漫說吳宮沼碧波千頃
春溶溶嶔崎石磴蒼苔封東鄰野人不解事艸間
指點尋芳蹤風流太守擅丘壑分金宴客恣歡樂
孤亭結構山之阿翠竹參差護虛閣揭來爽氣浮
林塘坐久春陰散城郭壁上題詩雲滿堂花前記
酒月將落五月六月全無暑滿池荷花嬌欲語臨
池俯檻問斜陽何似當年浣紗女涼夜香飄桂樹
秋洞門深鎖青松幽主人已往賓客散浮雲流水
長悠悠漢廷廷尉休官早拂衣自愛林泉好蔣逕
新從緣野開謝公未許青山老青山十里帶澄湖
縱飲我亦高陽徒今年上書不得意黃埃赤日悲
長途歸來山中但高枕秋風況復饒蓴鱸四野一
望俱平蕪竹間鳴鳥遙相呼謂我不飲歲月徂夕
陽渺渺長烟孤廚中酒熟何勞沽且復花前傾百
壺昔年歌舞安歸乎何須更論越與吳但得山中

十日飲絕勝東帶趨皇都（袁宏道詩）西施山一杯土不惜金作城貯此如花女越王跪進衣夫人親蹋鼓買炊傾城心教出迷天舞一舞金閶崩再舞蘇臺折趙山作館娃舞袖猶嫌窄舞到夫差愁破時越兵潛度越來溪

平陽山在縣東南五十里相傳越州有陽明洞天在縣治東南世人莫知其處意必有幽岩邃谷層巒疊巘庶幾名寔相稱耳故參攷先賢地記如化山平陽即古記相傳陽明洞天也蓋平陽距郡五十里而遙舟進石岐山遡若耶溪流千廻百折又進三十里而至橫山之下則釣臺見焉劉青田所謂一尖昂鎖不容鍼朱晦庵所謂石隴橫起形似雙象交鼻者是也又數里至平陽深處則見奇峯接天宛如芙蓉出水曲澗幽溪不無仙子桃花流水尚有秦人故爲昔賢所欣羨有如此者康熙四年弘覺禪師建寺于其中詳祠祀下

白馬山在縣治東北二里土漸毀削山石依然山之麓有白馬廟山下有書室

彭山在白馬山東舊經彭祖隱居之地也旁有助海侯廟

黃琢山下有華嚴寺張岱記越城以外萬壑千巖屈指難盡城以內爲山者八曰臥龍戒珠龜山白馬彭山火珠鮑郎蛾眉而不知華嚴寺後尚有黃琢一山則越城之山當爲九且黃琢大過蛾眉而俗稱已久豈可於轘轅下失之向年里中有築山曲池者自稱第十山讓簷街亦有一土山戲呼之十一山他日於旁坎得一石有第十一山字按題則宋思陵筆也事有奇合若此然第十與第十一皆土山而黃琢則石山也土山可增臧而石山不可漸滅則越城九山當是定案

會稽縣志卷第四

山川志下

嶺　峯　塢　島　洞　逕　港　溪　川

浦　塘　潭　瀆　池　湖　河　江　海

嶺

憶家嶺在縣南十五里會稽山之東北麓過嶺有朱氏宜園書室多樹梅竹

觀嶺在會稽山因告成觀故名

皇裓嶺在宛委山

覆鬴嶺在秦望山下

駐日嶺在縣西南八十里刻石山南與諸暨縣界

分水嶺在駐日嶺東北

王顧嶺在縣東南六十里相傳宋高宗避金時過此嶺見山水之佳忽一回顧故云王顧

陶晏嶺在縣東南四十四里王顧嶺北舊經陶弘景隱居于此有巨石高數丈相傳昔爲任公釣磯林景熙詩笑拂青蘿問隱君千巖秋色此平分當時宴坐無人識惟有清風共白雲

日鑄嶺在縣東南五十五里陶晏嶺北地產茶最佳歐陽脩

歸田錄）艸茶盛于兩浙兩浙之品日鑄第一（黃氏青箱記）華初平云日鑄山巖天眞清冽有類龍焙昔歐冶子鑄五劍采金銅之精于山下時溪涸而無雲千載之遠佳氣不泄蒸于艸芽發爲英華淳味幽香爲人資養也（王十朋風俗賦）日鑄雪芽又晏殊有詩見惠泉下（蕭昱詩）旭日高峯散紫烟嶙峋長劍勢參天晴光露氣如秋水何似當年出匣看（獨孤及詩）冶工鑄劍今已遠此日空餘日鑄山帀古尚傳三龜在清游曾有幾人閑天廻鳥道蟠窮壁地接銀河帶淺灣夜夜禪牀聽斗氣五精何日更飛還（陶望齡詩）十年聞勝地及見過于聞蘿葉遮泉眼松身上石筋狖分朝暮菓洞老古今雲舊寺千盤裏僧田薄可耘（又）林愛一枝鳥盆游千里魚蓋頭茅幾把可愛野人居（又）朱門不肯顧日望高天霞鹿性常思草蠶房只課花糞畦收豆稭開地種脂麻漸曉農桑理傳書王老家

（太平嶺）在日鑄嶺西南太平山

駐蹕嶺在縣東南八十里日鑄嶺南鷓鴣峯下舊傳宋高宗避金幸台溫駐蹕于此故名上有菴曰天華頗深雅

杉木嶺在縣南一百五十里舊與嵊縣界今入嵊

蒲萄嶺在縣東南一百二里駐蹕嶺東北石壟山

干山嶺在縣東南四十里日鑄嶺東南靜林山唐方干嘗隱于此故名

五峯嶺在日鑄嶺東北五峯如蓮花

湯浦嶺在縣東南百一十里

龍池嶺在東小江右中有龍王廟及龍池

望湖嶺在倉塘

梅湖嶺在縣東南九十里

珠湖嶺在縣東南百一十里

越嶺在瓜山側

腰軟嶺在諸葛山北

石屑嶺在諸葛山東

百仙嶺在上竈

峯

石傘峯會稽山之別峯峯下有范蠡養魚池唐顧況銘亭亭石傘有物有名若蓋如傾如芝之

一整石傘山東山銜日宮石傘山西山銜月宮南巒北阜首出屹雄（元趙孟頫詩）功名自古是危機誰似先生早拂衣好向五湖尋一舸霜黃木落雁初飛

義峯在縣東六十里稷山之東南峯頂有黑白二龍池土人于此建祠祈雨輒應嘗有龍現其上峯下有石名鳳凰窠

塢

尚書塢在縣東南三十里（寰宇記）孔稚圭山園也

焦塢在平水上

濬竹塢在縣東南六十里諸葛山左山圍折如城闕嘗產瑞竹

頂峯板起數百丈其尖如斛故名石斛尖

島

方干島在會稽山東北麓俗呼寒山唐方干別墅也（唐李山甫詩）交交戛戛水禽聲露洗松陰滿院清溪畔印沙多鶴跡檻前題竹有僧名問人遠岫千重意對客閒雲一片情蚤晚塵埃得休去且將書劍事先生（鄭谷詩）野岫分開徑漁家並掩扉（徐天祐詩）平生心事白鷗知一卷雲菴處士詩占得鏡中奇絕處祇緣身值廣明時（干自爲詩）寒山壓鏡心此處是家林梁燕窺春醉巖猿學夜吟雲連平地起月向白波沉猶自聞鐘角棲身可在深（又）世人如不容吾自縱天慵落葉憑風掃香秔倩水舂花朝連郭霧雪夜隔湖鐘身外能無事頭宜白此峯（又）日與村家事漸同燒松煨茗學隣翁池塘月撼芙蓉浪窗戶涼生薜荔風書幌晝昏嵐氣重巢枝夜折雪聲中山陰釣叟無知己窺鏡撏多鬢欲空（又）歛桃亦吟行亦醉卧吟行醉更何營貧來猶有故琴在老去不過

新髮生山鳥啼枝紅果落家童引釣白魚驚潛夫自有孤雲侶可要王侯知姓名

洞

陽明洞　洞是一巨石中有罅在會稽山龍瑞宮旁舊經三十六洞天之第十一洞天也龜山白玉上經會稽山周迴三百五十里名陽明洞天皆仙聖天人都會之所據此則陽明洞天不止龍瑞宮之一石矣唐觀察使元稹以春分日投金簡于此詩曰偶因投秘簡聊得泛平湖其後王文成守仁爲刑部主事時以告歸結廬洞側默坐三年了悟心性今故址猶存其謫居龍場也嘗名其東洞曰小陽明洞天以寄思云白居易詩青陽行已半白日坐將徂越國強仍大稽城高且孤利饒鹽煑海名勝水瀦湖牛斗天垂象台明地展圖瓌奇塡市井佳麗溢闉闍句踐遺風霸西施舊俗姝船頭龍夭矯橋脚獸睢盱鄉味珍蟛蚏時鮮貴鷓鴣語言諸夏異衣服一方殊搗練蛾眉婢鳴榔娃角

江清敵伊洛山翠勝荊巫華表雙棲鶴聯檣幾
點烏煙霞分渡口雲樹接城隅澗遠松如畫洲平
水似鋪綠科映早稻紫筍接新蘆暖踏泥中藕香
尋石上蒲雨來萌漸達雷後蟄全蘇柳眼黃絲纇
花房蜂蠣珠林風新竹折野燒老桑枯帶彈長枝
蕙錢穿短貫魚暄和生野菜卑濕長街蕪女浣紗
相伴兒烹鯉一呼山魈啼稚子林狖掛山都產業
論蠶蟻孳生計鴨雛泉巖雪飄灑苔壁錦漫糊堰
限舟航路堤通車馬途耶溪岸回合禹廟徑盤紆
洞穴何因鑿星槎誰與刳石凹仙藥臼峯峭佛香
爐去爲投金簡來因挈玉壺貴仍招客宿健未要
人扶聞望賢丞相儀形美丈夫前驅駐旌旆偏坐
列笙竽刺史旗翻隼尚書履曳鳧學禪超後有觀
妙造虛無髻裏傳僧寶寰中得道樞登樓詩八詠
置硯賦三都捧髻羅將綺趨蹌紫與朱廟謀藏稷
契兵畧貯孫吳令下三軍整風高四海趨千家得
慈母六郡事嚴姑重士過三哺輕財抵一銖送航
歌死轉嘲妓笑吳盧佐飲時炮鱉蠲醒數鱠鱸醉

鄉雖咫尺樂事亦須臾若不中賢聖何由外智愚伊予一生志我爾百年軀江上三千里城中十二衢出多無伴侶歸只是妻孥白首青山約抽身去得無（又）日日携壺坐釣磯眼看門外軟紅飛已無游騎尋芳事却訪幽人入翠微石磴欲青春雨足酒壚初冷絮花稀悠然自解登臨意十里香風一棹歸（徐天祐詩）何年靈石惜嫦娥洞穴雲深鎖碧蘿巨木千章陰翳日陽明時少晦時多（施鈞詩）誰扁陽明日洞天瓊樓珠戸萬松寒前山倩鶴收仙篇古穴藏龍護法壇欲對香爐分坐石就開玉笥借書看葛洪知我非凡子來饋靈巖換骨丹（元揚仲弘詩）憶昔神禹奠九州玆山會計功始休諸侯玉帛渺何許但見萬水從東流衣冠永閟陽明洞夜聞鬼哭巖之幽珠宮貝闕號龍瑞天造地設非人謀槎枒怪樹凍不死化作千丈蒼龍虬冊洞呀然仙掌裂翠峯巧夾蛾眉脩梅梁飛去鐵鎖斷往往雷雨生靈湫軒轅縹神極秘怪海上笙鶴時相投平生閉門讀史記子乃探穴先吾遊明當挾子

騎汗漫題詩更在最上頭不妨山水樂吾樂豈求饑溺憂民憂故家喬木尚可求有子有孫百世留卧横玉簫洸歸舟吹散江南萬斛愁（韓性詩）洞天深窅行客疑飈輪碧簡誰能稽倚松長嘯巖壑動放懷未必今人非石氣盤空散成霧檜子無風落青雨草間欲問茵蘢壇薜荔鱗鱗絡銅虎（又）蕙艸雪消蜂蝶疑游子挈榼來何稽坐待山桃綴紅糝回首已憐春事非清風成雲濕成霧洞天深沉栢花雨山深玉殿鎖蒼苔天上通明羅九虎（明劉棟詩）洞天昔曾到仙境今重過厭見霜前葉斜看屋角蘿兩山擁寒翠一水遶秋波地主歸來際青松老不磨

逕

逍遥逕在縣東六里 相傳潘逍遥所居

樵風逕在縣東南二十五里（舊經）漢鄭弘少時採薪得一遺箭頃之有

人覓箭問弘何所欲弘識其神人也答曰常患若耶溪載薪爲難願朝南風暮北風後果然遂號樵風涇【水經】鄭弘少以清節自期恒躬採伐用資糧膳每出入溪津嘗感神風送之憑舟自運無杖楫之勞村人貪藉風勢常依隨之【劉長卿詩】仙客曾因一箭贈樵風長到五雲關

【青塘涇】在縣東四十五里其東曰郭家洋濶百餘丈

【傖塘涇】在縣東六十里【舊經】昔傖楚共築此塘以水溉田故名

港

【浪港】在縣東南二十里樵風涇之北天無風亦時有浪故名港北循山經有石甚巨頃歲里人開逕得石鑪鐵鈐疑爲仙人煉丹之所至今人呼爲聖女洞云

溪

平水溪在縣東南三十五里鏡湖所受三十六源之水平水其一也水南有村市橋渡皆以平水名（韓性詩）小溪分綠遶平田隱隱遥林澹澹烟溪畔沙堤行不盡黃雲一道上青天（王思任詩）一溪千百曲晴雨送雲遲啼碧鳥不見落紅花自知篁孫迷竹譜石骨瘦山肌亂髮扁舟上溪人詩向誰

照水溪在城東南三里源出五雲鄉經縣界九十里西南入山陰

若耶溪在縣東南三十五里溪北流入鏡湖郎西子採蓮歐冶鑄劍所（越絕書）若耶之溪涸而出銅（吳越春秋）若耶之溪深而莫測後漢劉寵爲會稽太守去郡若耶父老人齎百錢相送因名劉寵溪唐徐季海嘗游嘆曰曾子不居勝母之閭吾豈游若耶之溪遂改爲五雲溪（唐許敬先詩）越水正逶迤豔陽三月時中有蟬娟子含怨望佳期鮮膚潤玉澤微盼動蛾眉解

佩遺中浦折芳懷所思彩色豈不重瑰豔難久滋一歌江南曲再使妾心悲〔獨孤及詩〕萬峯蒼翠色雙溪清淺流已符東山趣況值江南秋白露天地肅黄花門館幽山公惜美景肯爲芳尊留五馬照池塘繁絃催獻酬風前孟嘉帽乘興李膺舟騁望傲千古當歌遺四愁豈令永和人獨擅山陰遊〔孟浩然詩〕落景餘清暉輕橈弄清渚泓澄愛水物臨泛何容與白首垂釣翁新粧浣紗女相看未相識脉脉不得語〔綦毋潛詩二首〕幽意無斷絶此去隨所偶好風吹行舟花落入溪口際夜轉西壑隔山望南斗潭烟飛溶溶林月低向後生事且瀰漫願伴持竿叟〔又〕同君此溪曲託勝在烟霞潭影竹裏動巖陰天際斜人言上皇代犬吠武陵家借問淹留意春風滿若耶〔李白詩〕若耶溪畔採蓮女笑隔荷花共人語日照新粧水底明風飄香袖空中舉岸上誰家遊冶郎三三兩兩映垂楊紫騮嘶入落花去見此踟躕空斷腸〔又越女詞二首〕耶溪採蓮女見客棹歌回笑入荷花去佯羞不出來〔又〕鏡湖

水如月耶溪女似雪新粧蕩新波光景兩奇絕〔孟浩然六言二首〕舟泊有時垂釣舟行不廢閒吟滑山寺寺花木枕水家家竹林〔又〕鷺鷥晝飛溪靜鵁鶄夜轉林深忽因風動花落起看波間月流〔劉長卿六言〕晴川落日初低惆悵孤舟解攜鳥去平蕪遠近日隨流水東西白雲千里萬里明月前溪後溪獨帳長沙謫去江潭春草萋萋〔又〕蘭橈漫轉傍汀沙應接雲峯到若耶舊浦滿來移渡口垂楊深處有人家永和春色千年在曲水鄉心萬里賒更見漁舟時借問前村幾路在烟霞〔崔灝詩〕輕舟去何疾已到雲林境起坐魚鳥間動搖山水影巖中響自答溪裏言彌靜事事令人幽停橈向餘景〔丘爲詩〕結廬若耶裏左右若耶水無日不釣魚有時向城市溪中水流急渡口水流寬每得樵風便往來殊不難一川草長綠四時那得辨短褐衣妻兒餘糧及雞犬日暮鳥雀稀稚子呼牛歸住處無鄰里業門獨掩扉〔項斯詩〕清溪縈繞出無窮兩岸桃花正好風恰是扁舟堪入處鴛鴦飛起急流中〔宋

王安石詩若耶溪上踏莓苔興盡張帆載酒迴汀艸岸花渾不見青山無數逐人來蘇軾詩若耶溪上雲門寺賀監荷花空自開我恨今猶在泥滓勸君莫棹酒船回謝景溫詩若耶溪出若耶山浪裏溶溶入醉聞仙客會因一箭贈樵風長到五雲關數峯蘸碧輕清外雙舸浮春上下間料得當年乘興子為貪烟水宿前灣釋契嵩詩越木乘春泛船窓掩又開好山沿岸去驟雨落花來岸影樵人渡歌聲浣女回滄浪無限意日暮更悠哉陸游詩二首微官原不直鱸魚何况人間足畏途今日溪頭慰心處自尋白石養菖蒲又九月霜風吹客衣溪頭紅葉傍人飛村場酒薄何妨醉菰正堪烹蟹正肥林景熙詩疊峯無數蘸清流窈窕寒生六月秋百鍊不須歐冶劒沼與人在採蓮舟唐之淳詩溪流百里長水急建瓴瓦南山夾其峭突兀類奔馬須臾止復引邐迤落平野時春新雨霽顏色甚妍雅輕颸動水木白石粲可把停舟赤堇山洗爵酹歐冶精靈竟何憑一劍莫可假路逢南來鶴意態

正瀟灑疑是古仙人偶非采薪者樵風尚飄搖劍氣猶赤赭浩然千古懷于此一攄寫〔戴冠和韻詩〕我聞若耶溪輕舟仰如厇往來疾于飛鄉俗當車馬溪中植蓮芰疊翠接平野時有採蓮女明粧靚而雅船頭蒨裙新畫槳手自把岸上誰家郎三五日遊冶馬上一回顧顏色不少假高歌去不顧手神自清瀟灑昔聞此溪女嘗有孝親者欲問不可即落日波心赭千金買畫圖誰當一摹寫〔許瓚詩〕三月若耶行曉濆刺桐花落綠蘋新採蓮不見紅粧豔鑄劍應多紫氣神天姥送青烟水寺越禽啼晚野堂春停橈試問桃花洞安得靈峯送過津〔王穉登詩〕一曲清溪一曲歌風流其奈昔人何暮山排雪看皆白流水如琴聽亦多謝墅無碁那可賭蘭亭有酒且相過盤飧莫笑茅容餽明日書成好換鵞〔徐渭詩〕夜影壘中流進舟篁竹浦鳴雨來斷雷山雲濕可譜及岸沿黒堤攖猪復愁虎燎衣得緇徙怖餘溢言語芋壚聊炙衣一笑頼尊俎〔王思任詩〕沿溪輕棹去不盡是灣灣伴鶴涼風遠漏舟紅

葉間露香來暗竹碧影下秋山明月無多重勞君并載還

寒溪在縣東南三十里以其水極清冷故名源出日鑄嶺

上竈溪在縣東南二十里知府南大吉濬疏沿溪之田遂獲沈弘道紀其木末云蓋葛峯之瀑交注于上竈之川旣瀉而爲石堰又瀉而環禹穴其濵則皆稼穡之地又其濵則皆荒阻崖磴薪蒭老樹叢篁交蔭之境故歟沿以之而滓劍鄭弘以之而泛艇不有秀川何以來此佳客哉然而龍蛇變穴水怪[illegible]妖沙塞岸圯已不可殫記歲月矣故舟楫莫通而行人悉勞桔槔無功而農人載病正德間耆民趙澄聞于上詩其淪也獨有司者不能爲民隱憂毋輟不爲嘉靖三載太守南瑞泉公周覽而嘆曰越川病湮矣吾何惜此區區不一拯救耶乃浚城河浚運渠浚堰浚淤遂淪我川首尾二百餘里勤勞甚矣方我川未淪也司寇韓公封君汪公暨予咸白于郡南侯方

命楊判簿陳河泊民力役論之人或告我曰人鑿勞好逸今請斯役民怨汝詈汝且增僕謗矣予應之曰天下未有不順人情而能成事者亦未有不暫拂人情而能立事者顧在順其公而拂其私所順者大而所拂者小也太守之所見良在是也役畢川通民果豁然快矣石帆之間獨橋危未治民辭懷民願請載石新之太守曰汝梁是川汝陰德也懷遂欣然召匠齒石橋遂翼峙于覽川功之既畢懼其後將復湮塞焉乃請立綮年脩理之規且勒石垂之經久嗚呼脩川者其尚公厥心戮厥力無虛動鍬鋤竭汗血也歌曰川溶溶兮竈之間起孔湖兮帶石帆陽明圻兮洞旁啓若耶通兮白蓮寒仙風廻兮樵舟急酒甕峙兮玉漿乾逝水滔滔兮喟者希地虛秀兮人不來岸有芷兮晚有臺懷佳人兮在高臺彼歐冶兮進劍術事吳主兮雜覇材眇生于兮寄一宅俯宇宙兮多感慨劫灰飛兮變海桑禹鑿竆兮津河荒津無梁兮河無舫焉言行兮思之無方剡無登兮粒食缺不有拯兮蒼生曷

將南侯南兮慈波揚垂千載兮懷不可忘按上竈之外更有中竈下竈相隔不數里世傳歐冶子鑄劍更此三竈而後成也

大舜溪　出太平山以其地有舜廟故名

横溪在陽湖之北　源出静林山别分一派曰廣陵溪

寨嶺溪在縣東南八十里　源出寨嶺

川

沉釀川在若耶溪東　干道志鄭弘舉送赴洛親友餞于此以錢投水依價量水飲之各醉而去一名沉釀埭

浦

鑄浦與若耶溪相接一名湯浦上有歐冶祠齊祖之云昔歐冶子鑄劍之所今爲里俗所祠祠像乃一婦人未知何所據唐之淳詩行至若耶溪恭聞湯浦名云昔歐冶子鑄劍此揚靈揚靈亦何爲二國方圖爭虛中應地紀騰上合天經一鼓萬夫集百鍊衆神憑蜿蜿五蛟龍幽入風火生娟娟芙蓉花菡萏發其英吳光未克試風湖先震驚千秋事已遠山水有餘清夾雲知紫電潛混識青萍白若貫天虹赤若照夜星銅鏐類龜繩贔屓作蛟横世方混凡鐵神物豈其冥

范洋浦在縣東南百餘里

炭浦在縣東六十里舊經句踐運炭于此吳越春秋與封地百里於越東至炭瀆

蟶浦在縣東北四十里俗傳此浦多蟶故名昔時與海通潮汐往來後淤積

鹹田築塘隔海東自稱山西至宋家漊接山陰界凡二十六里

纂風浦在縣東北七十五里

少微浦在少微山下

湯浦在縣東南九十里水出橫溪入東小江

塘

蘇塘在縣東五十七里舊經越王鑄劍于此故名

夾塘俗傳漢太守馬臻所築夾鏡湖而爲塘又曰夾塘即康家塘也

菁江石塘在縣東六十里俗稱石塘越絕書塘廣六十五步長一百三十五步宋淳熙九年令楊意重築加甃塘岸百餘里

百丈塘在曹娥廟之右北臨大江南爲運河明隆萬間遇風塘輒爲海潮衝敗客舟過者多覆溺有司脩築工費不可計迄無成天啓年間郡推官劉光斗詳看江勢屈曲用夫掘通可免塘患遂檄會稽縣典史率居民乘春水發時齊用畚鍤使江水直去舊塘變而爲地其患遂息

國朝居民墾地爲田放水入河塘漸壞矣秋潮發時滿復爲大患也

潭

嫡耳潭在縣東十五里一作的耳今呼爲織女潭在董家堰西世傳董永自鬻葬父遇織女于此故名詳見董永墓下

碧波潭在縣東北二十里周圍數十餘里

白波潭在鏡湖東（唐方干陪王大夫遊鏡湖詩白波潭上魚龍氣江樹林中雞犬聲）

孤潭即麻潭在若耶溪側潭深而清孤石聳出潭上有大櫟木謝靈運與惠連聯句刻于樹側唐人徵故事聯句云古寺思王令孤潭憶謝公

賀精潭在縣東南

射的潭在仙人石室下甚深叵測

鄭僕潭在縣東南三十里平水之南周圍可十畝餘

鹿迹潭在縣東南今雲門山南鹿里潭是也

白魚潭在日鑄嶺下其東南曰馬石潭以其中有石如馬故名

長潭在縣東南七十里北行復有潭曰石壁潭又北曰相公潭

龍潭在靜林山祈雨屢應

瀆

石瀆在縣東三十里田坂中有石突起故名

壇瀆在石瀆下

仁瀆在壇瀆旁

池

禹池在禹陵前唐賀知章乞湖爲放生池卽名放生臨池有咸若亭明遠閣懷勤亭取宋高宗懷哉夏禹勤之句並廢今禹池之側有董氏書室

日月池俗傳錢武肅王鏐有目疾故浚此二池月池在縣北日池今入縣治中

洗硯池在縣治東北二里白馬山下舊經王右軍洗硯處今人指蕺山潰汙爲池非也蕭昱詩鳳翥龍蟠萬紙奇墨花堆積幾臨池只今雲影徘徊處猶見當年洗硯旹

東大池在東府坊逼廣寧河宋史嘉定十七年理宗卽位封父希瓐爲榮王以同母弟與芮襲封奉祀開府山陰蕺山之南曰福王府東大池則其臺沼也

浴龍池在五雲門外

方干池在縣東十里舊澄波坊唐處士方干所居華安仁云雄飛門巷雖改故池未湮

鰻池在縣東二十里周圍數頃其岸北有社廟祀皐陶不知其始廟前有三古栢意千歲物環一井故鄉人訛傳爲三百一井今榷其二井亦枯于栢根之蝕里人謝鑾出資别一井爲母祈年既甃其父于廟側以杖標紙輒活今成茂樹鑾孝子也里人以茲樹不蘐三栢云

湖

賀家湖即賀家池在縣東三十二里周圍四十七里南通鏡湖北抵海塘旁有支港可以四達袁宏道詩昔聞八百里今來八百畝爲問袁阿宏可如賀監否黃冠吾願學其如多八口形體作僕隸禮法誠枷鈕幸爾畧知識效顰辭五斗强作舒眉詩學飲寬腸酒所以不脫然爲身未我有恩愛毒其躬父母掣其肘未免愧其人青山空矯首○旁有六兼園范給事紹庠讀書處即宋趙王府莊

錢湖在縣東南一里俗呼觀音池

鏡湖在縣二里故南湖也一名長湖一名大湖（通典）東漢永和五年太守馬臻始築塘堤湖周三百里溉田九千餘頃湖兼屬山陰而其源則出五雲鄉也今廢湖爲田俗呼白塔洋爲鏡湖長一十五里此特其一處云（鄭善夫鏡湖記）鏡湖三百里者合西鑑東鑑而言之也後漢太守馬臻順帝永和五年爲太守于會稽山陰二縣界築塘周廻三百里以蓄水輿地志曰南湖在城南百許步東西二十里南北數里縈帶郊郭連屬峯岫白水翠崖互相映發若鑑若圖故王逸少云從山陰道上行如在鑑中遊湖水高平疇丈許築塘以防之開以洩之水適中而止故會稽無荒廢之田（李白詩）鏡湖三百里菡萏發荷花五月西施采人看隘若耶（孟浩然詩）始覽湖中物中流到底清不知鱸魚味但識鷗鳥情帆得樵風送春逢穀雨晴將探夏禹穴稍背越王城府掾有包子文章推

賀生滄浪醉後唱因子寄同聲〔杜甫詩〕越女天下白鑑湖五月涼剡溪蘊秀異欲罷不能忘〔趙抃詩〕春色湖光照錦衣岸花汀草自芳菲若耶溪上遊人樂舉棹狂歌半醉歸〔秦觀詩〕畫舫朱簾出繚牆天風吹到芰荷鄉水光入座杯盤瑩花氣侵人笑語香翡翠側身窺綠酒蜻蜓偷眼避紅粧葡萄力緩單衣怯始信湖中五月涼〔王十朋詩〕蒼蒼涼涼紅日生葱葱鬱鬱佳氣橫鏡湖春色三百里桃花水漲扁舟輕花間啼鳥傳春意聲落竹舟驚夢殘倚床兀坐心境清轉覺湖山有風味鑑中風味幾經春身在鑑中思故人禹跡茫茫千載後疏鑿功歸馬太守太守湖成坐鬼責後代風流屬狂客狂客不長家鑑湖惟有漁人至今得日暮東風送棹回花枝照眼入蓬萊回首湖山何處是欸乃聲中畫圖裏〔陸游詩〕千金不須買畫圖聽我長歌歌鑑湖湖山奇麗說不盡且復與子陳吾廬柳姑廟前魚作市道士莊畔菱爲租一灣畫橋出林薄兩岸紅蓼連菰蒲村南村北鵓鴣舍東舍西楓葉赤

每當九月十月時放翁艇子無時出船頭一束書船尾一壺酒新釣紫鱖魚旋洗白蓮藕從渠貴人食萬錢放翁癡腹長便便暮歸稚子迎我笑遙指一抹西村烟（元陳旅詩）鏡湖八百里水光如鏡明偶尋古寺坐便有松風生天闊鴈一點山空猿數聲老僧作茗供天下孤舟輕（李季和詩）賀家湖裏見秋風放翁宅前東復東兩行雲樹忽遠近十里荷花能白紅行人濯足銀河上越女梳頭青鏡中我欲張帆上南斗扶桑碧海與天通（明翁施龍詩）昨年曾過賀家湖今日烟波大半無惟有一天秋夜月不隨田畝入官租（劉基詩）若耶溪上雨聲來秦望山前霧不開欲渡鏡湖尋禹穴蒼藤翠木斷猿哀（錢宰詩）鏡湖白波木葉稀涼風蕭蕭入客衣季真賜宅已無主太白酒船空棹歸野色驚秋鴻鴈下水聲吹晚鯉魚飛此時張翰吳中去雲鎖稽山失翠微（唐之淳詩）會稽山海邦地勢高下雜原田既犖确濤水復善嚙中有千萬頃浩蕩浴日月或云軒轅氏鑄鏡之所設荒忽不敢知疇能究其

詭嘗聞虞馬臻事與鄭白埒瀉鹵生稻粱潰騰儼
匹別餘波之所被艸木及薇蕨春秋鳧鴨亂舟楫
漁樵悅川流亦何物稍與古先別魚梁競錐刀農
畝見侵裂蛟龍尚無據况是魚與鼈今古非一人
歲月如去蝶臨流何所懷賀公則明哲戴逵次韻
詩晚過南湖上風急水嚙雜舍舟登斷岸下有波
濤嚙葉脆林影疎舉足踏秋月乘月過田家鷄黍
爲我設野老見客喜往事頗解說迢湖開自漢利
與芍陂埒畜泄防歲沴一一有區別高低足禾黍
山農厭薇蕨焦土成衣褎老稚日嬉悅世變日趨
下風俗與古別豪傑事兼併水利竟分裂膏腴盡
汙萊數罟窮魚鼈傳聞昔豐稔恍若一夢蝶茲湖
不可復令
人念先哲

回踊湖在縣東四里一作回踵舊經漢馬臻所築以防若耶溪水溪水暴至避
塘而遡回故名南史謝靈運傳會稽東郭有回踊湖
湖邊有田十畝爲義塘紹熙五年少監李大性提

奉浙東常平令縣尉特置此

郎渡東橋下之湖船港也

西湖在縣東南二十二里一名孖湖周圍二頃餘源出西山清淺可愛舊

有西湖寺

在其旁

孔湖在縣東南四十里源出上竈流洋山

謝憇湖在縣東南八十里周圍三十餘里西曰康家湖周圍二十餘里二湖相通

泉湖在縣東南七十里周圍十餘畝下有二竅寒泉湧出最清天旱不涸成

化初郡守樹牌刻日期令近

地居民置閘放以溉田甚便

西澍湖在泉湖之東周圍一頃餘

湯湖在縣東南八十里周圍百餘畝

長湖在縣東南七十五里長二里許逵龍池嶺其東曰嬉白湖又東曰招福湖西北曰石浦湖北復有四湖曰丁家湖鵁鶄湖捨瀃珠湖相近

舒屈湖在長湖西南逼蒲荀嶺下周圍四頃餘南有瀝上湖瀝下湖西北有白蕩湖洗馬湖東有范洋湖流俱從大舜溪源出日鑄䀺蹕諸山

康家湖在縣東七十里傖塘埠

河

官河一名運河東自曹娥壩西入小江橋接山陰界南自蒿壩北抵海塘水道淤隘舟楫或阻嘉靖四年知府南大吉濬之故老云河之在市其縱者自江橋至植利門其衡者自九節橋至清道

橋皆壅窄弗利于舟南公盡擬斥廬舍以廣河計所斥率六尺許眞郡中一大利也會罷官而止其後知縣張鑑稍濬學河固以爲士然民亦便之（王守仁記）越人以舟楫爲車馬濱河而廛者皆巨室也日規月築水道淤隘蓄泄既亡旱澇頻仍商旅日爭于塗至有鬬而死者矣南公乃決沮障復舊防去豪商之壅削勢家之侵失利之徒胥怨交謗從而謡之曰南守瞿瞿實破我廬瞿瞿南守使我奔走人曰吾守其厲民歟何其謗者之多也陽明子曰遲之吾未聞以佚道使民而或有怨之者也既而舟楫通利行旅歡呼絡繹是秋大旱江河龜拆越之人收穫輸載如常明年大水居民免于墊溺遠近稱忭又從而歌之曰相彼人兮昔揭以曵矣今歌以楫矣旱之熇矣微南侯兮吾其焦矣霪其彌月矣微南侯兮吾其魚鼈矣我輸我穫矣我游我息矣長渠之活活兮維南侯之流澤矣人曰信哉陽明子之言未聞以佚道使民而或有怨之者也紀其事于石以昭來者（李本紀畧）會稽儒學

南北東界水水自植利門入北流經隆興橋東折爲南渠又自隆興橋北流過通市橋東折爲北渠皆會于東雙橋北流入海渠近市屢久不濬治北渠漸湮淺隘僅通小舟南渠由儒學泮池至軍器局西則民間堙而爲池淤而爲圃東亦如之故道盡失嘉靖丙申歲諸生上復渠議于諸司咸報曰可而豪右各便其私人持一說或曰軍器局故福果廢寺地寺本北向臨北渠局之南門寺後址也今廢渠當由局西南折而東直接毛家漊以合北渠水于東雙橋之南觀毛家漊見存形迹似一故道也或曰當由局南東折而北直接丘家宅池以入北渠而復東流以合東雙橋南之水觀丘家宅池見存形迹似亦一故道也然自元以來埋沒已久故老無復能知的處故當時議者惟據局西有三池東有四池如貫珠然謂故道宜在此乃遂因七池之勢横貫珠局中而曲折以達于毛家漊議遂定而功則未興也會南充張侯鑑來尹吾邑乃得竣其事其師生某等屬予爲記予惟越水國也

故其俗以舟楫爲車馬行李之往來貨財之引致皆有賴焉然猶稍之細者也自鑑湖既廢高下皆田下流雖有諸閘之防苐可因水勢以時蓄洩耳其上苟無溝渠河蕩以瀦之則歲旱無所取水防亦何益乎故善治越者當以濬河爲急宋郡守汪公綱復河渠之便利人稱其爲悠久之惠也時渭南南公大吉爲郡守復濬治之民有去思焉此其功豈特在舟楫之間哉

（御河）在縣南十五里自董家堰抵寶山以宋有攢陵故名

（簞醪河）在縣南源湖秦望由植利門入至鮑家橋東與府學泮水相接句踐師行之日有獻簞醪者投之上流與士卒共飲戰氣百倍今河中有泉雖旱未嘗涸

江

（小舜江）在縣東南九十里俗名東小江（郡志）源出浦陽東北流經湯浦以

入于江〔唐陸羽詩〕月色寒潮入剡溪青猿叫斷綠林西昔人已入東流去空見年年江草齊〔皇甫冉詩〕江上年年春早津頭日日行人借問山陰遠近猶聞日暮鐘聲

曹娥江在縣東九十二里流自剡溪經縣界四十里北入海〔會稽典錄〕娥上虞人父盱漢安二年溺水求父尸不得娥亦自溺死江因娥得名也潮候與浙江相通按江源自剡溪來東折而北至曹娥廟前又北上虞志云至龍山下名舜江又西北折入于海潮汐之患亞于錢塘坍沙陷溺嘗爲民患諺曰鐵面曹娥王穉登客越志云微波鱗鱗一葦可杭然土人有鐵面之謠當是其風浪時耳中流有落星石〔唐蕭穎士越江秋曙詩〕扁舟東路遠曉月下江濆瀲灩信潮上蒼茫孤嶼分林聲寒動葉水氣曙連雲暾日浪中出榜歌天際聞伯鸞常去國安道惜離羣延首剡溪近永言懷數君〔韓性詩〕隔岸檣竿著暮鴉待舟人立渡頭沙數拳頑石生雲氣一片斜陽有浪花

方孝孺詩娥以孝爲本江以娥得名至今潮長落猶帶哭爺聲

海

海在府境北去縣三十里邊海所屬五縣蕭山山陰上虞餘姚會稽博物志云天地四方皆海水相通地在其中蓋無幾四海之內皆復有海也初學記凡四海俱謂之稗海外乃復有大瀛海環之一曰百谷王又曰朝夕池曰天池亦云大壑巨壑海中山曰島洲曰嶼今紹興北海乃海之支港猶非稗海也王粲海賦云翼鶩風而長驅集會稽而一睨是也道墟蟶浦桑盆至宋家漊皆近海塘過蟶浦渡爲瀝海所在江之北接大海與上虞聯壤有西滙觜塞住海口其外乃大海也海中遇暑薄涼微天雨初霽有蜃氣夾雲而興倏忽變幻千態萬狀大爲奇觀秋冬颶風雨之候時有海氛彌望蓊鬱云謝景初觀氛詩海上颸與雨未朕先氣升澤鹵雜山祲蓊鬱相薰蒸

交語面已障安辨丘與陵衣襦帶革綏臭腥殊可憎自非昌其陽安免疾癘乘君子郤陰邪何必醫師能○海潮晝夜凡再至朝曰潮夕曰汐卯酉之月特大于餘月朔望之後特大于餘日大郎洶湧昂高十餘丈其非時而大者謂之海溢宋朱中云適遇巨風推之而來後浪擁前故忽大而且久不退又夏則晝小而夜大冬則夜小而晝大俗謂潮畏熱畏寒云海潮賦後序竊以海潮之事代或迷之今輒依洛下閎張平子何承天等以渾天爲法水與地居其半日月繞乎其下以證夫激而成潮之理幷納華裔郡國環以二十八宿黄道所交及立北極爲上規南極爲下規以正乎日月之所由升降其理昭然可辨謂之潮圖施諸粉繢庶將無闕西溪叢語舊于會稽得一石碑論海潮陰陽依附極有理不知其誰氏觀古今諸家海潮之説多矣或謂天河激湧亦云地機翕張盧肇以日激水而潮生封演云月周天而潮應挺空入漢山湧而濤隨析木大梁月行而水大源殊派異無所適從

索隱探微宜伸確論宋祥符九年冬奉詔按察嶺外嘗經合浦郡沿南溟而東過海康歷陵水涉恩平住南海迨由龍川抵潮陽暨出守會稽移莅句章以上諸郡俱沿海濱朝夕觀望潮汐之候者有日矣得以求之刻漏究之消息十年用心頗有準的大率元氣噓翕天隨氣而漲斂溟渤往來潮隨天而進退者也以日者衆陽之母陰生于陽故潮附之于日也月者太陰之精水乃陰類故潮依之于月也是故隨日而應月依陰而附陽盈于朔望消于朏魄虛于上下弦息于輝朒故潮有小大焉今起月朔夜半子時潮平于地之子位四刻一十六分半月離于日在地之辰次日移三刻七十二分對月到之位以日臨之次潮必應之過月望後東行潮附日而又西應之至後朔子時四刻一十六分半日月潮水俱復會于子位其小盡亦然惟次日移三刻七十三分半是知潮常附日而右旋以月臨子午潮必平矣月在卯酉汐必盡矣或遲速消息之小異而進退盈虛終不失其期也蕭山

新志以此爲龍圖學士燕肅海潮論豈令威所謂氏者即燕公耶或後人誤以屬燕也凡水之入于海者無不通潮而浙江之潮獨稱奇初來僅若一線漸近則漸大頭高十數丈亘如山嶽奮如雷霆銀崖横飛雪檻層起噌吰澎湃觀者目眩涉者心悸漢枚乘七發所云觀濤乎廣陵之曲江即此枚爲吳濞郎中浙江時正屬吳易吳曰廣陵浙曰曲騷客語固然每八月十八日遠近人聚觀之然大率多在西岸錢塘境善泅者泝濤出沒謂之弄潮宋治平中杭州守蔡襄作戒弄潮文熙寧中兩浙察訪李承之奏請禁止然終不能遏至今猶競爲之（會稽石碑）或問曰四海潮平皆有漸惟浙江濤至則亘如山岳奮如雷霆水岸横飛雪崖旁射澎騰奔激吁可畏也其漲怒之理可得聞乎曰或云夾岸有山南曰龕北曰赭二山相對謂之海門岸狹勢逼湧而爲濤耳若言狹逼則東溟自定海吞餘姚奉化二江侔之浙江尤甚狹逼潮來不聞濤有聲也今觀浙江之口起自纂風亭北望嘉興

大山濶二百餘里故海商舶船畏避沙潬不由大江惟泛餘姚小江易舟而浮運河達于杭越矣蓋以下有沙潬南北亘連隔礙洪波蹙遏潮勢夫月離震兌他潮以生惟浙江潮水不同月經乾巽潮來已半濁浪堆滯後水益來於是溢于沙潬猛怒頓湧聲勢激射故起而爲濤耳非江山淺逼使之然也（宋朱中潮論）錢塘潮燕公所謂沙潬已盡其理諸論盡廢夫水盈科而後進未及潬則錢塘之江尚空空也及既長而冐之自潬斗瀉入江又江沙之漲或東或西無常地常爲沙岸所排助其激湧震天動地巖巖而來水之理也蓋潬中高而兩頭漸低高處適當錢塘之衝其東稍低處乃當錢清曹娥二江所入之口錢清江口潬最低潮頭甚小曹娥江口潬稍高于錢清故潮頭差大（劉禹錫浪淘沙詞）八月潮聲吼地來頭高數丈觸山回須臾却入海門去捲起沙堆是雪堆（宋慶餘詩）木落霜風天氣清空江北里見潮生鮮颷出海魚龍氣晴雪噴山雷鼓聲雲日半陰川漸滿客帆皆過浪

難平高樓遠望無窮意舟葉黄花遶郡城（蘇軾詩）萬人鼓譟懾吾儂猶似浮江老阿童欲識潮頭高幾許越山渾在浪花中（又）吳兒生長狎濤淵冒利輕生不自憐東海若知聖主意應教波浪變桑田（又）江神河伯兩醯雞海若東來氣吐霓安得夫差水犀手三千强弩射潮低（仇仁近詩）一痕初見海門生頃刻長驅作怒聲萬馬突嗚天鼓碎六鼇翻背雪山傾遠朝魏闕心猶壯直上嚴灘勢始平寄語吳兒休踏浪天吳罔象正縱横（張光弼詩）世代消沉是此聲幾回東下復西傾翻騰日月迷朝夕簸蕩魚龍定死生銜石每憐精衛小投膠未見濁河清眼前波浪猶如此莫向蓬山頂上行

（海塘）崇禎元年七月廿三日颶潮陡發自小金團及俯浦宋家漊一帶地方洪水滔天頃刻之際廬舍衝潰男婦溺死不啻萬計皆由沿海居民私開塘穴建橋通舟以致堤塘不固故至此極雖當事蒿目時艱多方修築而私穴不塞患將復作國初潮患頻仍隨缺隨補幸無大患而康熙三年八

月二日怒潮由小金塘橋直入土石漂流稻禾淹朽萬姓號呼四年七月初五日狂飆又作海潮由橋復貫河水立高數丈居民幾同魚鱉孝廉石之貞不憚捐軀爲地方請命拮据二年三院檄縣令塞橋捍塘勒碑建亭于九都樊浦思德寺內永杜潮患縣丞趙驥躬親督築告竣驥題其額曰紹紹恩恩（趙驥記）余何取乎前造福紹興置閘三江湯公紹恩赫然郡太守者而公然名之也大其事奇其功恐歷久而不知故爲之稱名而不諱也小金塘口向通舟楫海潮衝決民命攸絕石公璋矦厥名之貞上其事于三院爲民請命不遺餘力乃遵成畫築塘留壓余丞茲土適董是役近符堂委上答道廳民安樂土竈滷長源爰搆斯楹用表奇功千秋萬世視此碑亭衆口懽騰民既咸喜竈亦弗嗔孰爲爲之再見紹恩福留全紹功乃獨成名垂不朽石公之貞

會稽縣志卷第四　終

會稽縣志卷第五

古蹟志

地屬　物類

賢人隱士之所寓澤繫而風流能使過者興感而聞者思齊載記者抉幽拾落累册而書之則又何怪焉至若追道上世遐引渺怪而名之曰古之蹟也不已荒乎雖然長人之骨肅慎氏之矢孔子所不廢於博聞者也向使適晉者不能述黃熊又不知實沈臺駘之所在則何以能重鄭故知使於四

方不辱君命非專取于詩矣　徐渭

地屬

禹井在會稽山（水經）南有硎去廟七里謂之禹井

錢王井凡數十多在五雲稽山門外甃以石水高于地不溢不涸炎時行道者賴之相傳皆吳越王時所浚

葛仙丹井（舊志）在廣孝寺佛殿西廡之外僧房中泉味甘寒冠一山今殿廡已非故址而井在殿外竹林中（顧況詩）野人愛向山中宿況在葛洪丹井西門前有箇長松樹半夜子規來上啼（陸游詩）葛洪丹井一千年翁去丹飛餘此泉痾如古鏡不拂拭俯聽缺甃時鏘然神龍受命護泉臥蜿蜒直恐從天墮人言神物老愈靈夜半聲酣風雨過放翁還山亦何有閉門吟嘯龍爲友客來相

對聊曲肱但酌此泉勝酌酒（張良臣詩）九轉丹砂煉得成飄飄仙袂入青冥一泓寒水留真脉千歲長松產茯苓（高似孫詩）竹屋虛明臥古松葛仙丹井尚遺踪日長無事同僧話雉獸雲巒三四峯（明吳興詩）團團石甃冷蒼苔仙客雲遊竟不來寂寞斜陽巖壑底藥爐丹竈盡塵埃又一在禹穴側（華鎮考古云）葛稚川煉丹于宛委山下有遺井大如盆盂其深尺許冷泉湛然（唐宋之問詩云）著書惟太史煉藥有仙翁

何公井在雲門山西梁何胤所居處也（宋之問詩）樵徑謝村北學井何巖東

巖裏九井在縣東南七十里巖口山下深不可測舊傳每震電時有巨魚揚鬣其中爭以網取之不可得山頂有巨石如塔高數人亦不可至左廣上有石洞若大廈可容數十人景極幽勝

歐冶井在鑄浦（齊唐錄鑄浦事云）有淬劍大井存焉

義井在縣西　直橫俱二丈向爲居民侵入康熙六年大災始清出今立碑汲者賴之

菲泉在大禹祠側可數十步　王十朋詩梵王宮近夏王宮一水清涵節儉風越俗不知王好惡泉名恰在酒名中

鄭公泉在若耶溪鄭弘所居之側去葛仙公釣磯石不遠　弘雖居台輔嘗思故居一日偶因葺得此泉永家人馳致之飲少許便覺泉有二脉滴滴出石罅味極甘宜茗泉處爲石蓋之上爲行路而泉注溪中非山僧野叟不能知其處　華鎮詩溪上清泉玉色寒臨泉踏盡石苔斑爲憐北闕乘軒客自有高情在稽山

若竹泉在秦望山曾文清墓旁　多若竹泉出其下泓潔宜茗

雲門泉在雲門山泉上有亭匾曰好泉取范文正公山有好泉來之句唐僧靈一詩泉源新湧出洞徹映纖雲稍落芙蓉沼初淹苔蘚紋了將空色淨素與泉流分若得清宵月冷然夢裏聞

惠泉在太平山二泉如帶大旱不涸宋晏殊詩稽山新茗綠如烟靜挈都籃煮惠泉未向人前殺風景更持醪醑醉花前

溫泉在湯湖之側

石泉在蒲萄嶺東冬夏不竭

眞珠泉在少微山齊祖之家山有十詠泉其一也

傳公泉在射的山下傅崧卿先墓側因地坎窪鑿池瀦水每以

之淪茗浣祭器縱五尺橫六尺深三尺泓潔甘美遇旱不涸

岑石在刻石山越絕書秦始皇到越取浙江岑石長丈四尺南北面廣六尺三寸東南廣四尺西廣尺六寸刻石于東山上其道九曲

坐石在會稽山南輿地志方石數丈是始皇坐其兩邊方石八所丞相斯已下坐蓋俗傳云

西施石在若耶溪一名西子浣紗石王軒詩嶺上千峯碧江邊細艸春今逢浣紗石不見浣紗人宋之問詩越女顏如花越王聞浣紗國微不自寵獻作吳宮娃一行霸句踐再笑傾夫差一朝還舊都豔粧驚若耶劉基詩卧薪終日泣孤臣落葉飛霜幾度春能使姑蘇聚麋鹿誰知却是浣紗人

葛仙翁釣磯石在若耶溪葛稚川嘗投竿坐憩于此謝康樂兄弟每至輒酬唱忘歸（林景熙詩）巨艣長竿釣海波空遺磯石臥荒坡千年無此垂綸手多少饑民向淛河（宋華鎮詩并序）若耶溪上仙翁投竿之地昔磯孤秀起于中潭環山千疊澄淵無底清光翠色上下相照殆非人境所有謝家兄弟悅之日至其上更酬迭唱久而忘歸○聞說風流謝客兒鴒原相應日忘歸仙翁遺跡雲深處攜手行吟送落暉

新婦石在會稽山巔

飛來石在禹穴側世傳有石自安息飛來上有索痕三條唐宋名賢多題名其上

酒甕石在射的山足三石品峙其狀如甕（舊經）巨石三在鏡湖東時人謂之秦皇酒甕石（風俗賦）石甕匪泥（宋徐天祐詩）三石頑然在道隅人言遺瓻是秦餘沙丘轍迹知何許不

共鴟彝托屬車

候水石在射的山下臨樵風涇水漲石常不沒里人以此候水

落星石在曹娥江中高七八尺每江潮至石輒不沒舊經星隕而爲石也俗呼浮山吳越寶正六年封曰寶石之山

烏石在義峯之西石甚奇

研朱石在宛委山側郡志葛稚川旣仙去遺石于此歲久彌大

蝦蟆石在宛委山與龍瑞宮對昔宮廩失粟莫知盜者有方士言盜乃朝山之怪物也羽流信之命工鑿損石口患遂息

金鷄石在下竈之前方數丈世傳有見金鷄飛鳴石上遂迸裂舊記會稽有裏

金鷄外金鷄（羅隱詩）

金鷄不向五更啼

鳳林　華鎮考古云在五雲門外世傳禹受圖籍是時麟遊其庭鸞結其巢鳳凰鳴飛依於林木今五雲門外鳳林鄉蓋取諸此

鳳凰窠在義峯山下　石有一員竅深一尺廣四尺俗傳鳳毓二雛自此而翔旁有上凰下鳳沉鳳等村名

越王城　詳見秦望山下

南小城在東郭門外（越絕書）句踐氷室去縣三里句踐之出入也齋于稷山往從田里去從北郭門龜山更駕臺馳于離丘遊于美人宮典樂中宿過歷馬丘射于樂野之衢走犬若耶休謀石室食于氷廚

美人宮（越絕書）去縣東六里許周五百九十六步陸門二水門一今北壇利里丘土城句踐所習教美女西施鄭旦宮臺也女出于苧蘿山欲獻于吳自謂東垂僻陋恐女樸鄙故令近大道以居

齋臺（越絕書）稷山者句踐齋戒臺也（吳越春秋）南臺在于襟山按越境無襟山則襟當作稷在縣東五十里（章弘仁九日登臨詩）九日齋臺上登臨我輩同萬峯遙對酒孤嶼共吟風天入寒流水鴻歸返照中霸圖留

勝迹感慨意無窮

離臺（越絕書）周五百六十步在今淮陽里丘（吳越春秋）起離宮于淮陽（舊經）在縣東南二里

中宿臺（越絕）作中指臺（越絕書）中指臺馬丘周六百步今高平里丘（吳越春秋）中宿臺在于高平（舊經）在縣東七里

呼鷹臺在石姥山俗傳有異人嘗登巖呼鷹鷹即下揮即去故名

燕臺舊經在縣東南十里吳越春秋燕臺在于石室吳王聞越王石臺之遊未嘗敢上以爲畏法服威也越王之臺五四在縣境駕臺在於越丘越絕書周六百步今安城里蓋山陰縣境云

鵲巢唐時有鵲巢和尚棲止秦望山長松上白居易問師住處危險師曰太守地位危險更甚徐天祐詩分得南飛鵲一枝長松頂上結趺時世間何處無平地若比長松更是危

樂野越絕書越王弋獵大野故謂樂野其山上石室句踐所休謀也去縣七里吳越春秋立苑于樂野十道志句踐以此野爲苑今有樂墳村

刑塘在縣北一十五里舊經引賀循記云防風氏身三丈刑者不及乃築高塘臨之故曰刑塘王十朋風俗賦刑塘築兮長人誅

煉塘在縣東五十五里（越絕書）句踐時采錫山爲炭聚載從炭瀆至煉塘各因是名之

陶朱公釣臺在縣南

駕臺在城丘（越絕書）駕臺馳于離丘

思古亭南鎮祠側

鏡光亭（舊經）在縣界

皇甫秀才山亭（孟浩然詩）嘉賓在何處置亭春山巔說者謂皇甫冉也

袁秀才林亭近方干別墅干數過之詩曰經年此地爲吟倡早起尋君日暮西

鍾離意巷在縣南竹園坊意字子阿舉孝廉爲尚書時交趾太守張恢坐

賍詔班賜羣臣意得珠璣而不拜賜帝問其故對曰此賍穢之寶誠不敢拜帝嗟嘆曰清乎尚書之言也乃更以庫錢賜意朝廷爭爲嚴切以避誅責意獨敢諫數封還詔書臣下過失輒救解之出爲魯相以愛利爲化出私錢萬三千貫付戶曹治夫子廟七世孫收躬自墾田種稻縣民來認即以與之後爲肅海太守操行清純有古人風

鄭弘宅在縣東南若耶溪側按弘字巨君少爲鄉嗇夫太守第五倫奇之召至都郵舉孝廉弘師同郡河東太守焦貺楚王英謀反發覺引貺貺被收道亾妻子詔繫獄諸生故人皆變名姓以逃禍弘獨髡頭負鐵索詣闕上章爲貺訟罪顯宗赦其家弘躬送貺喪及妻子還鄉里拜鄒令累遷尚書前後所陳有補益王政者皆著之南宮以爲故事後遷太尉族祖吉爲人強執習外國事宣帝時吉以侍郎田渠黎積穀因發諸國攻破車師遷衛司馬使護鄯善以西南道

日逐王欲降漢使人與吉相聞吉發渠黎龜茲諸國五萬人迎日逐王吉既破車師降日逐威震西域遂併護車師以西北道故號都護都護之置自吉始焉上嘉其功效乃下詔封吉爲安遠侯

陳囂宅在縣治南二里竹園巷之間囂宅有大竹園至宋永嘉中爲竹園寺初囂與紀伯爲鄰伯竊囂地以自益囂不言益徙地與之伯慚懼亦歸所侵地其中乃爲大路鴻嘉二年太守周君刻石旌表號曰義里長簷路至今猶號長簷街云

王子敬山亭詳雲門山下按獻之字子敬少有盛名而高邁不羈雖閒居終日容止不怠風流爲一時之冠工草隸丹青七八歲時學書羲之密從後掣其筆不得嘆曰此兒後當復有大名獻之嘗從山陰道上行語人曰山川自相映發使人應接不暇若秋冬之際尤難爲懷仕至中書令謚曰憲

筆倉在五雲山顯聖寺後晉王獻之筆倉今爲智井

何充宅在縣東南七十里嵩山之陽充嘗爲會稽內史居于此後遂捨爲福慶寺

郭偉宅詳見禹蹟寺下

謝敷宅在五雲門外一里或云在雲門寺東與何充宅相近唐僧靈一詩春山子敬宅古木謝敷家敷字慶諸性沉靜寡欲入太平山十餘年辟命皆不就初月犯少微占者以隱士當之戴安道有美才時人憂之俄而敷死會稽人士嘲之云吳中高士求死不得

江彪宅在縣東三里都賜里今名都泗裔孫江總避難會稽憩于龍華寺製修心賦序曰太清四年秋七月避地于會稽龍華寺此伽藍者余六世祖宋尚書右僕射州陵

侯元嘉二十四年之所搆也侯之王父晉護軍將軍彪昔莅此邦卜居山陰都賜里第厥子孫有終焉之志寺域則宅之舊居左江右湖面山背壑東西適跨南北紆縈聯與昔節名僧同銷日月曉修經戒夕覽圖書寢處風雲並棲水月不意兵戈擾攘朝市傾淪以此傷情可知矣啜泣濡翰豈攄鬱結庶後後生君子閱余此槪焉嘉南斗之分次肇東越之靈秘表檜風于韓什著鎮山于周紀藴大禹之金書鑴暴秦之狂字太史來而探穴鍾離去而開笥信竹箭之爲珍何珷玞之罕植奉盛德之鴻祠寓安然之古寺實豫章之舊圃成黄金之勝地遂寂默之幽心若鏡中而遠尋面層阜之超忽邇平湖之迴深山條偃蹇水葉浸淫掛猿朝落饑鼯夜吟菓叢藥苑桃溪橘林梢雲拂日結暗生陰保自然之雅趣鄙人間之荒雜望島嶼之邅回面江源之重沓流泛月之夜迴曳光烟之曉匝風引蜩而嘶噪雨鳴陰而倏颯鳥稍狎而知來雲無情而自合邇乃野開靈塔地築禪居喜園迢遞樂樹扶

跡經行藉草宴坐臨渠持戒振錫度影甘蔬堅固之林可喻寂滅之鄉蹔如與曲終而愁起非木落而悲始登降志而辱身不露才而揚已終風雨之如晦倦鷄鳴而聆耳幸避地而高棲憑誦御之遺旨抑四辨之微言悟三乘之妙理遺十纏之繁縛去五感之塵滓久遺榮于勢利庶忘累于妻子感意氣于疇日寄知言于來祀何遠客之可悲知自憐而可已（太平寰宇記）郭北有江橋郎彪所居地

何子平宅在縣東土鄉

按子平世居會稽事母至孝南宋時爲海虞令祿惟養母不及妻子母喪去官哀毀踰禮每哭踊頓絕方甦大明末東土饑荒繼以師旅八年不得營葬晝夜悲號常寢苫塊所居屋敗不蔽風雨凡子伯興欲爲葺治子平不肯曰我情罪未伸天地一罪人耳屋何宜覆會稽太守蔡興宗聞而憐之爲營葬事子平幼持操檢敦厲名行雖處暗室如接大賓士類咸敬信之

何胤宅在秦望山下按胤字子季初仕齊至中書令後棄官入會稽卜築于若耶山雲門寺胤二兄求點並棲遁世號何氏三高梁武帝踐祚詔爲特進不起有勅給白衣尚書祿固辭又勅山陰庫錢月給五萬不受乃勅何子朗孔壽等六人於東山受學胤以若耶處勢逼隘不容學徒遂遷秦望山山有飛泉乃起學舍郎林成園因巖爲堵內營學舍又爲小閣寢處其中躬自啓閉僮僕無得至者別有室在若耶山洪水暴作大木俱拔胤室獨存時衛陽王元簡領會稽郡事令鍾嶸作瑞室頌以美之

孔稚珪宅在尚書塢按稚珪字德璋少有美譽齊帝時與江淹對掌辭筆歷官尚書稚珪風韻清疏好文詠與何點何胤並款交不樂世務居宅盛營山水憑几獨酌旁無雜事庭內草萊不翦中有蛙鳴或問之稚珪曰我以此當兩部鼓吹王晏嘗鳴鼓吹候之聞羣蛙鳴曰此殊

聒人耳稚珪曰我聽鼓吹殆不及此晏甚有愧色

張彪宅 按彪亡命若耶山後爲楊州刺史陳文帝入會稽彪擊走之及兵敗與妻楊氏還入若耶山一犬名黄蒼常在彪前後文帝遣兵購之并圖其妻兵至黄蒼便嚙一人中喉死彪曰吾頭可斷誓不生見陳蒨遂見殺兵來迎楊楊便改啼爲笑請殯彪既畢黄蒼俯伏塚間號呼不肯去楊還經彪宅佯請入粧飾遂割髮毁面哀毁慟絶誓不更行文帝聞之嘆息乃許爲尼彪起于若耶與于若耶終于若耶夫妻皆以節義感及殊類爲時所重

賀知章宅在縣東南三里五雲門外 知章以秘監請爲道士還鄉里詔許之以宅爲千秋觀後改天長觀宋郡守史浩建懷賀亭鑑湖一曲亭于觀前又有賜榮園取李白詩曰勑賜鑑湖水爲君臺沼榮之句其內有幽襟亭逸興亭醒心亭迎棹亭今並廢若明眞

觀則知章行觀耳（唐元宗賜詩）遺榮期入道辭老竟抽簪豈不惜賢達其如高尚心寰中得秘要方外散幽襟獨有青門餞羣僚悵別深（賀知章詩）少小離鄉老大回鄉音無改鬢毛衰兒童相見不相識笑問客從何處來（李白詩四首）（其一）四明有狂客風流賀季眞長安一相見呼我謫仙人昔好盃中物今爲松下塵金龜換酒處却憶淚沾巾（其二）狂客歸四明山陰道士迎勅賜鏡湖水爲君臺沼榮人亡餘故宅空有荷花生念此杳如夢悽然傷我情（其三）久辭榮祿遂初衣曾向長生說息機眞訣自從茅氏得恩波寧阻洞庭歸瑤臺含霧星辰滿仙嶠浮空島嶼微借問欲棲珠樹鶴何年却向帝城飛（其四）鏡湖流水漾清波狂客歸舟逸興多山陰道士如相見應寫黃庭換白鵝（姚鵠詩）若非堯運及垂衣肯許巢由脫俗機太液始同黃鶴下仙鄉已駕白雲歸還披舊褐辭金闕却捲元珠向翠微羈束慚無仙藥分隨君空有夢魂飛（朱放經鑑湖道士觀詩）已得歸鄉里逍遥一外臣那從流

水去不待鏡湖春雪裏登山屐林間漉酒巾空留
道士觀誰是學仙人（王灣同賀監林月清酌詩）華
月當秋滿朝軒假興同淨林新霽入竈院小凉通
碎影行筵裡攜花落酒中清宵照愁意併此助文
雄（諸葛典賀監祠頌）山巍巍兮環湖水森森兮紫
紆人何遊兮明鏡鳥何飛兮畫圖懷賀老兮今昔
想逸致兮林廬老之襟兮天潤老之神兮秋月飛
翰兮龍鸞吐辭兮冰雪際熙運兮開元司縟典兮
春官凌玉霄兮倚華蓋驂駿馭兮升西昆俄清夢
兮縣綿恍乘雲兮登仙覲紫皇兮玉宸聆九奏兮
鈞天賤天公兮遂志鼓予枻兮錦里吾朋兮鷗鷺
吾賓兮烟水野服兮蹁躚班衣兮娛戲緬高賢兮
非苟于去就其庶幾兮東門之傳鴟彝之子（徐渭
詩）鑑湖無處無非曲既罷奚勞乞賜爲幸有雙眸
明似鏡一逢
李白解金龜

張志和宅　志和隱居縣之東郭茭以生草椽棟不
加斤斧唐大曆中觀察使陳少游往見

爲終日留表其居曰元真坊以門隘爲拆地號曰回軒巷初門阻流水又爲建橋曰大夫橋（宋黄庭堅詞）西塞山邊白鷺飛桃花流水鱖魚肥朝廷尚覓元真子何處如今更有詩青箬笠綠蓑衣斜風細雨不須歸人間欲避風波險一日風波十二時

（宋高宗御製詩并序）紹興元年七月十日予至會稽因覽黄庭堅所書張志和漁父詞十五首戲同其韻賜辛永宗（其一）一湖春水夜來生幾疊春山遠更横烟艇小釣絲輕贏得閑中萬古名（其二）薄晚烟林淡翠微江邊秋月已明暉縱遠柁適入機水底閑雲片段飛（其三）雲灑清江江上船一錢何得買江天催短棹去長川魚蟹來傾酒舍烟（其四）青草開時已過船錦鱗躍處浪痕圓竹葉酒柳花氊有意沙鷗伴我眠（其五）扁舟小纜荻花風四合青山暝靄中明細火倚孤松但願樽中酒不空（其六）儂家活計豈能名萬頃波心月影清傾綠酒糝藜羹保任衣中一物靈（其七）駭浪吞舟脫巨鱗結絲爲綱也難任綸乍放餌初沉淺釣纖鱗味更深

其八　魚信還催花信開光風得得爲誰來舒柳黛落梅腮淚暖桃花夜轉雷　其九　暮暮朝朝冬復春高車駟馬趁朝身金柱屋梁盈困那如江漢獨醒人　其十　遠水無涯山有鄰相看歲晚更情親笛裏月酒中身舉頭無我一般人　其十一　誰云漁父是愚翁一葉浮家萬慮空輕破浪細迎風睡起蓬窗日正中　其十二　水涵微雨湛虛明小笠輕簑未要晴明鑑裏穀紋生白鷺飛來空外聲　其十三　無數菰蒲鬧藕花棹歌輕舉酌流霞隨處好轉山斜也有孤村三兩家　其十四　春入渭陽花氣多春歸時節是清和銜曉霧弄滄波載與俱歸又若何　其十五　清灣幽島任盤紆一舸橫斜得自如惟有此更無居從教紅袖泣前魚

徐浩宅在五雲橋之東

嚴維宅在東湖　唐大曆中維爲長史因名長史村　自題云落木秦山近衡門鏡水通

又有園林頗名于唐其詩曰杖策山横緑野乘舟水入衡門又曰杉松交日影枕簟上湖光（皇甫冉秋夜宿嚴維宅詩）昔聞元度宅門向會稽峯君住東湖下清風寄舊蹤秋深臨水月夜半隔山鐘世故多離別良宵詎可逢（李尚貞詩）江湖同避地分手自依依盡室今爲客經冬空念歸歲儲無別墅寒服羨鄰機草色村橋晚蟬聲江樹稀夜涼宜共醉時難惜相違何事衡陽侶汀洲忽背飛

秦系宅在若耶溪上系自咏詩三首（其一）鷄犬漁舟裏長謠任興行那邀落日醉已被遠山迎躡屐將非重荷衣着甚輕謝公無個事忽起爲蒼生（其二）寂寂池亭裏軒窻間緑苔遊魚牽荇没戲鳥踏花摧小逕僧尋去高峯鹿下來中年曾屢辟多病復遲回（其三）時人多笑樂幽棲晚起閑行獨杖藜雲色卷舒前後嶺藥苗新舊兩三畦偶逢野果將呼子屢折荆釵亦爲妻擬共釣竿長往復嚴陵灘上勝耶谿

趙宗萬宅在縣東南照水坊〔華鎮云〕宗萬養素自鑿祥符中被旨不赴獻跋鼇傳以月踰求爲道士郎其家賜羽衣以遂其志嘗有詩云斗懸金印心難動屏列春山眼暫開蓋自述也

裘義門平水雲門之間有裘氏自齊梁以來七百餘年無分爨子弟或爲士或爲農鄉黨稱其行大中祥符四年州奏旌其門閭詳裘尚傳陸游郡志云裘氏至今尚共一廳頗閎壯有孫威敏題字存焉〔宋真宗旌表門閭詔〕真宗皇帝嗣位十四載十一月詔下會稽旌表裘氏門閭從守臣之請褒孝義勵風俗也昔裘牧爲大夫世居中國至十七代孫睿仕西晉値永嘉之亂乃隨元帝渡江避地娶女遂隱而不仕其子尚義熙中徙居會稽縣三十都世勤耕桑家積仁義越五代當聖宋乾德年踰六百載人無別居內不二爨大中祥符四年郡邑始能知裘氏尚至可暄已十九世矣暄孫

治從學有文行稱于族中爲鄉里推重因薦于縣縣薦之郡郡奏于朝勑下旌表門閭蠲復徭役治生子四人曰仲容仲華仲舒仲荘仲容事母尤謹慶曆中母病亟仲容兄弟倉皇侍疾醫治無驗嘆曰嘗聞古人有割肉可以愈親疾者乃割股飼母弟仲荘亦將割之聞兄已進乃止母食之果瘥是時雲霧蔽覆其家里人駭觀精誠之感也晉陽王栐燕翼貽謀錄宋祥符四年冬越州言會稽縣民裘承詢同居十九世家無二爨詔旌其門閭指今二百三十六年矣其義門之號如故也余嘗至其村故聽事猶在族人同住一村世推一人爲長有事取決則坐于聽事有竹箄亦世相授者族長欲撻有罪則集衆而用之歲時會拜同飲咸在至今免役不知十九世而下今又幾世也余試思之裘氏力農無爲士大夫者所以能保其義氣之久苟有驟貴超顯之人則族長之令有所不能行矣何者貴賤殊勢炎凉分趨父兄守之子孫富貴而或不肖將變其義者而爲不義矣裘氏雖無顯者乃

能世世守義以爲名族勝于作盛作衰者遠矣天之報夫氏者豈不甚厚哉

智永禪師書閣在雲門寺

辨才香閣

齊祖之雍熙寺記昔公歸老于辨才香閣唐李褒詩香閣無塵雪後天在雲門寺今不存按辨才姓袁氏梁司空昂之元孫智永之弟子也世傳右軍蘭亭帖寶藏之唐太宗雅好二王書凡三召辨才詰之固稱經喪亂亡失不知所在乃遣御史蕭翼出使求之翼至會稽微服爲書生徑詣辨才朝暮往還情既洽一日因論右軍筆蹟悉以所攜御府諸帖示辨才辯與反覆折難真贋優劣以激發之辨才乃云老僧有永禪師所寶右軍蘭亭真蹟非此可擬藏之梁間不使人知與君相好因出以相示翼既見之師出太宗詔札以字軸置懷袖而出才歎赴太宗名有詩雲霄咫尺別松關禪室空留碧嶂間纔入朝廷卿相貴爭如心與白雲閒蕭翼宿東院詩勝入山西更向

西雨和春雪旋成泥風吹疊巘雲頭散月照平湖鴈影低拄杖負琴尋遠寺僧僮牽鹿渡深溪今朝獨宿巖東院惟聽猿吟與鳥啼（答孫才詩）邂逅欽良宵殷勤荷勝招爾天俄若舊初地起成遺蹤蟻輕還之心猿躁自調誰憐失羣翼長苦業風飄（孫遜詩）香閣東山下烟花象外幽懸燈千嶂夕捲幔五湖秋畫壁餘鴻鴈紗窗宿斗牛更疑天路近夢與白雲遊

蘿碧軒在鏡湖上　齊祖之詩曰飛棟新成蘿碧軒

齊抗書堂在石傘峯下　唐丞相齊抗所築後捨為淨聖院（宋元厚之詩）奇峯如傘見遥青玉筍山頭地有靈三徑荒凉丞相隱一篇清絕放夫銘

齊氏家園在縣東少微山　齊祖之分司東歸遂家焉引流為沼藝花為圃山之上有芳華亭修竹巖真珠泉石屋嘉遁亭樵風亭禹穴閣應星亭東山亭釣閣其自為家山十

詠陶寫景物語尤閑邃（王十朋詩）出郭舟行十里問少微山近箬簀山山中處士已長往一點客星雲外聞萬曆年間爲葉氏書室雖景物不及前志尚雅淨可觀

昌園在縣東南二十里有梅萬餘株雪色可愛香聞數里居人以梅爲業毛平仲遊昌園賞梅詩欲雪晝時攜酒去無人知處待花開（陳謙石傘峯序云）齊公舊居西偏昌園之精舍齊祖之作昌源

修竹樓（林霽山集）王修竹監簿名樓曰與造物遊命予賦秦望諸峯入几看仙居縹緲五雲端天高地迥三千界月白風清十二闌碧海氣侵珠佩濕明河影落玉簫寒超然身在鴻濛上何必蓬萊跨紫鸞

五雲梅舍（林景熙記）越城爲浙左巡八山四水在焉城之東曰五雲門去城東南三十里

曰五雲村天地溫厚之氣聚于南五雲佳邑往往徵瑞王自晉爲江左著氏越千年益蕃以碩宋淳祐景定間依光日月仕爲顯官今臥龍府治之西其故第也會陵谷遷變始各治別第于東南隅避喧居焉告院梅山君卽其居累土爲山種梅百本與喬松脩篁爲歲寒友傲冗氷雪幹旋陽和疎影弄波澹香浮月至若春芳敷腴爭紅競紫則已飄然謝事如姬公明農疏傳辭祿邈不可攀綠陰蕭庭纍纍青子可以升廊廟調鼎鼐下視桃李輩直輿儓耳明初伯仲武跡前美復爲堂而搆之扁曰五雲梅舍旣克紹先翁之志而又不忘先翁埶舊也乃千里貽書請予記予曰城中數萬戸魚鱗相比皆舍也而舍于梅爲清夫人容膝之外非甚俗者亦或蒔植花木以供燕娛固有依梅而舍也而梅于五雲爲瑞然而猶物之重也所重惟物凡有力者皆可致而清與瑞何如也毋已則存乎其人沂國于會賦梅詩雪中未問和羹事先向百花頭上開識者謂公一生事業已安排于此魏國韓公

臚傳第二太史奏日下五色雲見舉朝稱賀以爲得人其後二公皆賢宰輔梅無情雲無心也而徵于二公况兼而有之乎使居是舍者挹梅之清抗以高致迎雲之瑞葆以粹質梅同雲同安知他日宰輔之事無與同哉由此觀之王氏之興蓋未艾也

物類

窆石在禹廟之左　高丈許狀如秤錘（舊經）禹葬會稽山取此石爲窆（郡志）會稽山之東有龍隱起若劍脊西嚮而下有窆石檀弓註天子六綍四碑所以下棺則窆石者固碑之制度其數不同或繁簡異宜或世代悠遠所存止此皆不可知也碑上有古隸不可讀宋楊時有題名元至正末兵變爲所傷折今覆以亭知府彭誼修（宋秦少游詩）陰陰古殿注修廊海俯驚靈儼在傍一代衣冠埋窆石千年風雨鎖梅梁碧雲暮合稽山暗紅芰秋開鑑水香令我免魚緣帝力愧無歌舞

貧椒漿（魏了翁詩）禹穴無從一覿通禹陵原在萬山中飲泉空石皆如舊誤却東遊太史公（王十朋詩）好古貪奇司馬遷詩中史記越山川如今禹穴無尋處洞鎖陽明石一卷（徐天祐詩）龍輴無計返靈遊回首山河昔九州欲問帝陵何處是數千年石一荒丘（明韓陽記）按史記禹至江南會諸侯于塗山爵有德計有功因崩遂葬焉禹葬後夏后少康封庶子夫餘于越以奉守禹祀皇覽云禹冢在會稽山郡志謂山在苗山因禹會計于此而易名焉古帝王瘞所曰冢曰墓陵之名則自漢始夫窆石者豈下棺之具耶或謂下棺之後以此石鎮之及攷檀弓註天子葬用四碑窆石與碑制類其數不同或繁簡異宜或世代悠遠所存止此皆不可知焉石上有遺字宋直寶文閣王順伯金石錄云是漢刻第以歲久糢糊難于攷辨石之下即神禹所藏穴也故先輩有一代衣冠埋窆石之句舊有亭覆其上柱皆以木爲之風漂雨摧速底易朽殊非久遠之規天順戊寅羊城彭公誼以廷臣來知

府尊謁陵之後觀亭之傾覆徘徊嘆息謂斯陵乃
先聖王所藏之穴累朝歲時致祭三年則遣使函
香捧帛詣陵而祝告之禮莫重焉雖有殿堂而所
尊所重以是陵故也吾爲守土之職敢不上體朝
廷崇重之意加臣子敬事之心哉即用工鑿山取
石爲柱爲楣而重建之不二年亭成其爲永遠之
計方諸舊規大不侔矣落成之後公以述職之京
府之賢佐僉謂不可無文勒石垂示將來以陽生
長于斯而歸老于斯徵文以記固辭不獲乃言曰
昔夏禹王之治洚水也九年疏河鑿山胼手胝足
以致平成萬世永賴生靈享祀與穹壤相爲無窮
古先帝王固均有德于民而王之功德又莫大焉
先師孔子于魯論嘗曰禹吾無間然矣重言賛而
稱之今聖躬所藏之穴在于會稽凡生于茲土仕
于茲郡者安可不加敬而怠忽乎亭覆于上至爲
切要屢遇損壞傾頹亦有視爲末事而弗顧者非
彭公知所崇重以朝廷尊崇之心爲心用工留意
于悠久之計曷克臻于是哉茲特書其作亭之事

其餘殿堂門廡重修重葺者尚多肖像鍾公大手筆記之故不贅（袁宏道詩）窆石立婦人鼻穿履半折不看碑頭字那知是禹穴欄楯牟摧殘古文畫磨滅山高仰瘦容松老添孫鬣古屋閑狐妖香臺蹲豹跡

梅梁在禹廟 梁季修廟忽風雨大至湖中得一木取以爲梁乃梅梁也（四明圖經）鄞縣大梅山頂梅木伐爲會稽禹廟之梁張僧繇畫龍于上忽夜風雨飛入鏡湖與龍鬬後人見梁上水草淋漓始駭之乃以鐵索鎖于柱（徐天祐詩）殿角枯梁水月身象龍誰信解其眞休將金鎖空縈絆靈物飛騰自有神

玉梁 漢武帝時民以愆旱災蝗祈玉笥山輒應乃相率至觀既構殿少中梁忽一夕風雷大作明旦霽乃天降白玉梁一于殿上光彩瑩目因號玉梁觀至魏武遣使取之去觀九里午時雷霆裂

殿化爲黃龍乗雲而去

禹劍 宋時在禹祠殿世相傳禹之所服寸刃出于鞘外瑩無纖滋而牢不可引（孫覿詩）水劍還難問梅梁亦可疑（錢倧詩）塵埃共鎖梅梁在星斗仍分劍鞘存

禹珪璋璧珮 紹興二十七年祠之前一夕忽光焰爍人即其處斸之得珪二璋璧各一珮三觀者多疑非古物或謂後世以奉神者乾道五年官命置籍圖其形使道士守之

白璧 十道四蕃志 宋孝武任延修禹廟土中得白璧三十餘枚意是禹時萬國所執梁初治廟穿得碎珪及璧百餘片

元珪 匱藏之色黑如鷖徑五寸厚寸餘肉好相倍上下有邸州將常封鑰

古珪青玉印 宋武帝脩禹廟得古珪梁初又得青玉印

五寶劍　一曰純鈎二曰湛盧三曰勝邪四曰魚腸五曰巨闕越絕書越王有寶劍五聞于天下

雷鼓　五雲門古雷門也西漢王尊傳毋持布鼓過雷門註云會稽有雷門舊有大鼓聲聞洛陽舊經句踐舊門也重闕二層初吳於陵門格南上有蛇象而作龍形越又作此門以勝之名之爲雷去城百餘步十道志句踐所立以雷能威于龍也門下有鼓長丈八尺聲聞百里孫恩亂爲軍人砍破有雙鶴飛去晉傳亦載之湘州記前陵山有大石鼓云昔神鶴飛入會稽雷門中鼓因大鳴唐詩雷門作化鶴謂此雷門後改爲五雲門董昌傳嘗聞閱兵于五雲門吳越備史錢鏐攻五雲門遂平越州實乾寧三年五月也王十朋詩吳越興亡事若何譙門遺跡枕山河大聲曾作雷霆震應笑人間布鼓多

驅山鐸　唐人發地得鐸以問僧一行答曰此秦始皇驅山鐸也

唐琦石　唐將軍擊賊人石也在旌忠廟

會稽縣志卷第五 終

會稽縣志卷第六

物産志

穀　蔬　果　木　竹　花　草　藥　鱗甲

羽　獸　蟲豸　器　貨

物産

計然言于范蠡曰知鬭則修備時用則知物二者形則萬貨之情可得而覩故歲在金穰水毀木饑火旱此言時之用也故旱則資舟水則資車而物之理可知矣又曰糶二十病農九十病末平糶齊

物關市不乏治國之道也故積著之理務完物無息幣以物相貿易腐敗而食之斯言也越用之以富其國范蠡復用之以富其家今農之聚末之幣與物在會稽者不特一二增于計然時已也然而不免于常歉者豈乏然與蠡其人乎殆非也古之劑農與末也恒在上今之劑農與末也恒在下即有然與蠡其人將安所用乎姑舉其一蓋自釀之利一昂而秫者幾十之四秔者僅十之六釀日行而炊日沮農者且病農而莫之制也況得制其末

乎吾故曰雖有然與蠢而無所施者此也　徐渭

穀

蚕稻六月蚕熟　紫口甲嘴微紫粒細　朝稊俗謂之老丫鳥　麤稈　細稈

細珠　蚕白黏　晚白黏黏芒也　料水白歲遇甚潦輒能長出水上　餘杭白粒圓而白俗傳種自餘杭來故名　稚蒙粒粗而黏最短　烏鄉

來實類餘杭而色稍青　鵝鴨黃　葉下藏穗低而葉昂　健脚青熟時莖挺而色稍青　宜興白種自宜興來以上俱秔類宜炊　椏糯　青稈糯

水鮮糯八月蚕熟　羊鬚糯　蚕黃黏　黃殼糯　紅黏糯芒赤故名糯之佳者以上俱秫類宜釀郡志五十六種彼蓋舉全越而言之漢志種穀必

雜五種以備荒害則如下所列麥粟諸豆之類蓋農家所不可缺者

大麥（廣雅）麰也立夏前熟

小麥（廣雅）秣也

蕎麥三稜而赤色七月種九月熟

穤粟

粳粟

赤豆

綠豆

毛豆卽白豆莢毛故俗名毛豆

白藊豆粒黑者曰白眼豆莢長而尖者曰羊角豆八月熟

羅漢豆蠶月熟故又名蠶豆

虎爪豆粒斑而大九月熟

刀豆莢厚形似刀

茳豆莢長尺餘最長而軟者俗名裙帶豆其莢短者曰短茳四五月熟莢可蒸食

菰米吳中菰米爲多會稽菰米萊亦富而米少（西京雜記）會稽賀循事母至孝母好食菰米飯循常躬自採擷家近大湖湖中自生菰米無復餘草

蔬

白菜

青菜

萊菔俗呼爲蘿蔔一名菘一名蔓青卽蕪青也有二種一黃一

白　油菜　芥菜　莧（郡志）莧有紅白紫三色紅莧一名馬齒莧（本草）節葉間有水銀每莧十觔多至十兩水銀名曰汞會稽謂艸芽亦曰汞今人呼刺汞之類是也凡艸大率多汞故曰汞　芹一名水英產白馬山者最佳　甜菜有冬夏二種　苦菜　萵苣

菜　菠薐菜　薺菜　薹菜　瓜王瓜青瓜四五月熟西瓜金瓜甜瓜絲瓜六七月熟冬瓜九十月熟（王十朋風俗賦）賀瓜滿區　茄又名落蘇　瓠四月熟至六月不食　芋俗呼芋艿有水陸二種　筍冬筍猫筍花筍龍鬚筍箭筍鞭筍諸筍味美而四時相繼

茭白　茭菰（王十朋風俗賦）土實則有梟此茭菰　蕨（爾雅）蕨虌也初生無葉可食生山谷間其根爲粉可當麪食　茇　韭　蒜　薤　蒿　薑　蕺（唐趙璘戒珠寺碑）蕺蔬類句踐故城東北三里有山曰蕺傳云昔越君所嗜故嘗採于此遂以此名

山諺曰豐年嫌我臭荒年賴我救謂其根可食云

果

楊梅　梅綠萼玉蝶檀香山梅紅梅其種不一惟綠萼甚香而其實且大　杏　銀杏　李郡志越有黃蠟李麥熟李夫人李白淡李紫茄李錦李　桃有夏秋二種東郭門外凌家山有桃李園花開時如錦繡　梨吼山者最佳　石榴宋之問在會稽有玩郡齋海榴詩恐海榴別是一種　棗越人呼鮮棗爲白蒲棗　香圓　火樝　柑　橙梅聖俞詩越蘆橙熟久楚飯稻春初　柚列子吳越有木焉曰櫾碧實冬青實丹而味酸爾雅音義柚亦作櫾　橘任昉述異記越多橘園越人歲稅謂棖橘戶亦曰橘籍今非其舊杜荀隺送人遊越詩有園皆種橘無渚不生蓮　金橘　蒲萄有漿水瑪瑙二種王十朋詩珠帳纍纍掛

龍鬚慢慢抽從渠能美釀不要博涼州

栗（本草）生山陰陶隱居曰會稽最豐

柹

荸薺又名地栗

櫻桃

菱一名芰屈到嗜芰即此小者爲刺菱巨者爲大菱八月菱舟環集鑑湖中（王瀚詩）不知湖上菱歌女幾個春舟在若耶（王十朋風俗賦）有菱歌兮聲峭（郡志）羅紋菱最佳

蓮子

芡（郡志）芡葉似荷而大生而有芒刺荷華日舒夜斂芡華晝合宵開此陰陽之別也（方言）曰北燕謂之䓈青徐淮泗之間謂之芡南楚江淮之間謂之雞頭其柄作菹甚美越人謂之藕梗其實芡柄耳

藕

林禽（風俗賦）檎腮半朱（山居賦）枇杷林檎帶谷映渚俗呼花紅王右軍帖中所謂來禽是也

枇杷

木

松（郡志）越多百年之松

栢

桐其類有四一曰青桐枝葉俱青無子一曰梧桐皮白葉青

有子一曰白桐有花與子其花三月開黄紫色一曰岡桐似白桐而無子白桐岡桐宜作琴瑟 梓（十道志）越人多種豫章樹梓即豫章也（吳越春秋）吳王好起宮室越王使工人入山伐木天生大木一雙可二十圍陽爲文梓陰爲楩柟 櫻櫚（十道志）會稽有櫻山 檜（草木記）木之奇者有會稽之檜 檉 似柏而香出越中四明山爲多 楮 樟 榆 楊 栟 桑

柘 葉可供蠶事其木文理縝密而黄色可愛堪爲器具（謝靈運山居賦）所謂木之美者 槐

檀 性堅密可爲車宋南渡初製五輅俱以檀爲軸 烏柏 冬青 椿 桂

櫟 楝 有花詩人多稱之（宋陳無已詩）寄樹巳成蔭高花初着枝 楓 權

檫 榧 櫧 杉 相思木（平泉草木記）得稽山之相思木（述異記）[illegible]國時魏有民戍秦妻思之卒塜上生木枝葉皆向夫所謂之相思木 昇仙木 [illegible]

此昇仙（宋孫應時詩）劉樊蟬蛻此登仙老大嘗時直揷天玉骨半枯猶秀潤蒼苔新長更榮鮮

竹

箭竹別名曰篠幹直可以爲矢所謂會稽竹箭是也**篃竹**幹大而厚可以爲舟**石竹**

苦竹筍味苦有黃青白紫四種幹細而直可以爲筆（圖經）越出筆管（郡志）亦堪作紙用

淡竹可煮以爲紙**筋竹**性韌可作篾亦名金竹堪織簞（西京雜志）會稽貢竹簞號流黃簞（酉陽雜俎）筋竹箭未成時堪爲弩弦**莢竹**可煮爲紙幹細而直**篛竹**卽筆竹筍味甘有早晚黃綿四種**水竹**（謝靈運山居賦）水竹依水生甚細密吳中以爲宅援**慈竹**小而密土人多植之以當籬援冬月筍生竹外繞其母故又名孝竹一名王祥竹（酉陽雜俎）慈竹夏月經雨滴汁下地生蓐似鹿角色白食之已痢**斑竹**顧家斑竹用以作器甚清雅**紫竹**可爲

簫管九節者佳**龍鬚竹**長而秀節疏**鳳尾竹**葉耿小亦慈竹別種**角竹**節高而疏筍味淡有斑色**桃枝竹**作箋殊韌亦堪織簞書云箋席黼純〔孔安國註〕桃枝竹也**方竹**中堅幹直而方花圃中宜植之**公孫竹**高不盈尺可爲几案之玩

花

牡丹〔歐陽公花品序〕牡丹南出越州〔僧仲皎詩〕玉稜金線曉粧寒妙入天工不可干老去只知空境界淺紅深綠夢中看**芍藥**〔王十朋風俗賦〕牡丹如洛芍藥如揚**蜀葵**小者曰錦葵

芙蓉

薔薇有重臺白葉者〔平泉草木記〕稽山之重臺薔薇又曰會稽之百葉薔薇

海棠〔草木記〕木之奇者會稽之海棠〔沈立海棠記〕花名帶海者從海外來海棠有二種春爲垂絲貼幹秋爲秋海棠**杜鵑**一名躑躅一名映山紅〔草木記〕得剡中之眞紅掛稽山之四時其千

葉者爲石巖　山茶（郡志）山茶葉如茶大盈寸幹高丈餘色緋臘月盛開　木樨即桂花有銀桂丹桂金桂三種香甚幽遠（唐李裕贈陳侍郎紅桂詩）欲求塵外物此樹是瑤林後素含餘絢如丹見本心妍姿無點綴芳意託幽深願以解葩色凌霜照碧潯裕自注此樹白花吐紅心　[illegible]奇香異態至一二百種　山丹　芙蕖即荷花舊傳鑑湖及若耶溪荷花最盛（李白詩）荷花鏡裏香（王十朋風俗賦）香有芙蕖（又李白採蓮曲）若耶溪畔採蓮女笑隔荷花共人語　鳳仙有五色其白者收其子爲藥可治目最痛者擣汁塗之立愈　水仙有二種一曰水仙一曰金盞銀臺　紫薇　紫荊　蘭（越絕書）句踐種蘭渚山（王十朋風俗賦）蘭亭國香今會稽山甚盛凡山皆有而出自南鎮秦望山者最佳　鷄冠　荼蘪　萱花即北方黃花萊越人謂之鹿葱　薝蔔花俗名黃梔花（郡志）越有二種一曰山梔生山谷間一曰水

梔生水涯有單葉千葉　洛陽花有五色甚媚　芭蕉　木槿　石竹

玉簪　剪春羅　剪秋羅　木筆花藍似筆故名一名望春

臘梅自宋時始有有九英荷花磬口三種磬口最佳謂之辰州本〔陸游詩〕與梅同譜又同時我爲評香似更奇痛飲便拚千日醉清狂頓減十年衰色疑初割蜂脾蜜影欲平欺鶴膝枝插向寶壺猶未稱合將金屋貯幽姿　午時花午開子落　長春花即月月紅　罌粟花

蝴蝶花　金絲花　芝有五色瑞氣所種　貞同〔平泉草木記〕稽山之貞同其花鮮紅可愛而且耐久　古梅老幹奇怪而綠蘚封枝苔鬚四垂疏花點綴極爲可愛〔林逋詩〕疏影横斜水清淺暗香浮動月黄昏惟古梅足以當之　木蘭〔吳越鎮東監軍使院記〕大廈前木蘭越城之中稱爲一絕　鴛鴦梅〔王十朋風俗賦〕越有鴛鴦梅雙頭千葉　石巖

花與杜鵑花本一種石巖先敷葉後著花其色丹如血杜鵑先著花後敷葉色差淡（僧仲殊詩）繁英歷歷爍晴空過了花門幾信風明月畫欄供徙倚却須有句到芳叢　凌霄花歲有一三著花者倚樹而生樹高則亭亭直上花幽而豔

草

蒲草取以爲蒲產多而利普　菝草（釋草）菝草可以爲蓑笠莖生江邊其根即香附子

荇　蓼（吳越春秋）越王念復吳怨臥則攻之以蓼冬則抱冰夏則抱火言其刻苦云　蘋

藻（韓詩）沉者曰蘋浮者曰藻今謂之馬藻亦呼紫藻　萍無根常浮水上一夕生九子又謂之藻言漂流不定也　菖蒲葉有脊如劍謂之鳳蕩蒲又有虎鬚菖蒲生石上節殊密　蘆

荻　茗　三白草出鏡湖澤畔初生不白入夏葉端方白農人候之以蒔田

會稽縣志　卷六　物產志　十

三葉白苗畢秀矣　藍　苔　仙茅出少微山（宋齊唐詩）土澤灰嬰看御驗少微山是小三茅　石耳多產少微山

藥

山奇糧即禹餘糧也產山谷間服之令人不饑療瘋毒瘡其功甚速山民遇歉歲取食之

玉芝出陶宴嶺一名鬼臼一名山荷葉一名唐婆鏡花色正紅生葉下故又名羞天花　半夏　香附（本草）又謂之莎根　芍藥有赤白二種　蒼朮　紅花

茴香　五味子　瓜蔞　紫蘇　山查　穿山甲

蜎　枳實　陳皮　茯苓　黄連　柏子仁

甘菊治目疾用黄白二種　南星　百合　薄荷　梔子　車

前子　蔓荆子　金罌子　白术　枸杞子　劉寄（生山間本草註云治心腹痛止霍亂鄉人煮飲之多效驗）　益母草　何首烏　天花粉　金銀藤花（即忍冬也）　天門冬　麥門冬　側柏葉　艾　桔梗　茵陳（即蒿）　茅根　青箱子（即白雞冠子）　蟬蛻　螳螂　鹿角　虎骨　兎矢　柴吳　前吳　元參　苦參　苧根　燈心　伏仁　黃卷（即豆芽）　槐角子（即槐實）　天蕎麥　桑白皮　淡竹葉　竹茹　桑寄生（治瘋）　楓寄生　龍牙草（出銀山壩）　草決明（治目疾）　夜明沙　穀精草　金星草　細辛

女貞實（即冬青子）葛根　龜甲　鱉甲　紫花地丁（出香爐峯治疔瘡甚效）金壺瓶草　薏苡　稀薟　紫河車（紫白二種亦名金線重樓）兎頭骨　菖蒲

鱗甲

鯉（郡志鯉之小者爲鯉花鱸之小者爲鱸鼓鯽之小者爲鯽核）鯽（一名鮒）鱸（八月始肥）

鮎　鱓　鱨（土人謂之黃鱨）銀魚　鰡（郡志黑如緇衣瀕海處多有之是魚之最美者）鰻（八月最肥）鱧（一作鱺土人夏至以後始食入秋則不食）鰱（有赤白二種）鰍

蠏（小者爲蟛蜞大者爲黃甲產海涯又有紫蠏產上河其味尤佳酉陽雜俎八月蠏腹有稻芒長寸餘向東輸與海神未輸芒不可食）鰕　蟶（產海涯）蛙（土人當蛙後盛食之冬

月不食越王揖怒蛙而武士歸之卽此也　蝦蟆形似蛙而背有黑點蟾蜍之類也其子謂土[illegible]

蝌蚪　鱉　蚌　蛤　蜆　螺〔王十朋風俗賦〕孕珠之螺　吐鐵產海涯

鱧　龜

羽

戴勝降桑遇金日王穀賤〔月令〕戴勝降于桑蓋三月始出也　雉　鷓鴣　鵪鶉　桑扈　百舌　鸂鶒　鵁鶄　鳩　鵜鶘一名淘河一名鴮澤形似鶚而大高足其鳴自呼好羣飛沈水食魚不常有有輒大水土人占之頗驗

布穀　鴛鴦　鸛鴒俗呼爲九顚遷　雪姑冬月羣飛鳴則必雪　鵲別有山鵲　雀　鷗　梟　鷺鷥　鶯　鷹　燕　鴉有別種土

人呼爲寒鴉歲十月自西北來其陣蔽天及春中乃去（秦觀詞）寒雅萬點流水遶孤村

鷂　鸛　杜鵑一名子規夜啼達旦血漬艸木相傳是蜀帝之魂又謂之謝豹　烏昔越王入國有丹烏夾王而飛故句踐起望烏臺以紀其瑞　鸕鷀漁人畜之以取魚　鶚

練鵲　竹雞　畫眉　啄木　黃頭　白頭翁

鴿　鷄　鵝右軍有洛鵝池　鴨

獸

虎　鹿　兎　狐　獺（記曰）獺祭魚然後漁人入澤澤居者時多見之　猿

貍　馬　驢　騾　獾　豺狗　竹狗　猴（郡志）猿好踐踐稼蔬所過狼籍會稽山間陸種如豆麥之類多爲踐毀天衣寺僧法聰令捕一老猴被以衣

巾多爲細縫使不可脫縱之使去老猴喜得脫縱趨其羣羣望而畏之皆捨去老猴趨之愈急相逐日行數十百里其害遂稍息 獴 麂 柿狸 九節狸 栗鼠

松鼠 猫 羊 猪 牛

蟲豸

蠶 郡志蠶陽物也惡水再蠶謂之原蠶土人謂之晚蠶以晚葉養之先王禁焉淮南子原蠶再登非不利也然王者之法禁之爲其殘桑也鄭云蠶與馬同氣物莫能兩大禁原蠶者爲害馬也歟

蜂 蛭 尺蠖 蝸牛 蚱蜢 蜻蜓 螢 多則有年

蝶 蛇 莎鷄 蠅 蚊 螻蛄 蜈蚣 蝘蜓

蠆

器

弓 箭〔爾雅〕東南之美則有會稽之竹箭 草蓆 竹扇 苕帚

蒲扇 簟 竹火籠陶堰製者最佳

貨

鹽寧桑曹娥二場鹽利甚溥商販畢集國稅所需按亭民煎鹽之法海潮每至沃沙日見沙白用鐵刀刮鹻聚而苦之乃淋鹻取滷然後試以蓮子每用竹筒一枚長寸許取老硬石蓮三枚納筒中探滷三蓮橫浮則極鹹謂之足蓮滷亦謂之足滷二蓮橫浮次之若三蓮俱直浮其滷薄不可用凡煮鹽編竹為盤中為百耳以篾懸之塗以石灰纔足受滷燃烈焰中滷不漏而盤不焦灼近亦稍用鐵盤

茶〔郡志〕日鑄山中有僧寺名資壽其陽坡名油車朝暮常有日產茶絕奇芽纖白而長味甘

軟而永孫因曰日鑄山之英氣兮既發越于鐵地靈洩而不盡兮復薰蒸于草芽雖名山之最晚兮爲江南之第一覩紫筍若僕僮兮又何論乎石花近多採之名曰蘭雪味取其香色取其白價最貴

乾筍品亦多其盛而行差亞于茶乾筍以二十九都出者爲最佳嚴家山太平嶺次之箬也

篠葉　苧　葛出余貴者佳　蔴堪績以爲索者俗呼黃蔴又呼苧爲苧蔴堪食者俗呼芝蔴可以作油　酒其品頗多而名老酒者特行名豆酒者特佳豆酒者以綠豆爲麴蘗也邑壤多秫少秔以此

醋　銀　錫銀出于銀山塲錫出于錫山　木棉絲

布　絹　絲紬　綿紬　竹紙前輩多尚之民家或賴以致饒米元章薛道祖曾文清皆有越州竹紙詩載郡志中　黃紙　草紙　菜油　桐油　蔴油　柏油　銅　靛青　蜂蜜出境內者土人呼本

山蜜味甚佳　黃蠅

會稽縣志卷第六　終

會稽縣志卷第七

風俗志

習尚　歲時　禮文

老子曰至治之極鄰國相望雞犬之聲相聞民各甘其食美其服安其俗樂其業至老死不相往來夫以余觀于邑志所列古會稽者重犯法勤儉崇祭祀文雅而風流其俗也顧不安之而今之所安者婚論財嫁率破家乃至生女或溺之父母死不以戚乃反高會名客如慶其所歡事或於堪輿家

則有數十年暴露其父母而不顧者民有四耕耨而誦其業緜布其服魚鹽與稻果蓏而蠃蛤其食也顧不樂之美之甘之而今之所樂其在業者傅塞以爲生群少年日騖于市井黠佃者遣主者之租又從而駕禍以脅之所甘所美其在食且服者竆江之南北山之東西競其綺麗罄其方之所輸其多不可以指數夫若老子言鄰國可相望而不相往來此葢上古時事余亦安敢以望于今之會稽也哉至如司馬氏所稱特數十年以前之會稽

耳今不望于上古而望于數十年之前又華其甚者于俗若婚之論財若厚嫁若溺女若喪父母而盛宴與暴露其父母于業若博若群少若黠佃于服于食若竆江南北山東西之華靡噫俗其殆庶幾哉夫人之身有癖也俗亦有癖俗之癖則有丐以戶稱不知其所始相傳爲宋罪俘之遺故擯之名墮民丐自言則曰宋將焦光瓚部落以叛宋投金故被斥其內外率習汚賤無賴男子每候婚喪家或正旦則群索酒食婦則習媒或伴良家新娶婦又爲婦貿貨物便見竊攘尤善爲流言亂是非間人骨肉四民中居業不得占彼所

業民亦絕不冒之男業捕蛙賣餳拗竹燈檠編機扣塑土牛土偶打夜狐方言跳鬼女則爲人家拘髲髻梳髮爲髢群走市巷兼便所就四民中所籍彼不得籍彼所籍民亦絕不入籍曰丐戶即有產不克櫳里長亦禁其學四民中郎所常服彼亦不得服彼所服蓋四民向號曰是出于官特用以辱且別之者也帽以狗頭鞾以橫布不長衫扁其門以丐而籍與業至于今不亂服則稍僭而亂矣其詳載別賤錄丐以民擯已若是甚也亦競盟其黨以相訟僥必勝于民官茲土者知之則右民偶不及知則亦時左民民恥之務以所沿之俗聞必右而後戢

于是丐之盟其黨以求右民者茲益甚故曰丐者

俗之瘤也雖然瘤卒自外于常膚也則瘤之也宜

苟瘤者肯自咎曰我今且受藥且圖自化爲常膚

烏用必瘤而決之哉徐渭

習尚

越水行而山處以船爲車以楫爲馬越絕書民性敏

柔而慧宋書火耕水耨民食魚稻果蓏蠃蛤食物常

足漢志有陂池灌溉之利故歲多順成有絲布魚鹽

之饒故俗重犯法士好學篤志敦師擇友農賈工

作之徒皆著本業不以奢侈華麗爲事縣附郡城郡城古都會其聞見富古朴之風稍衰然謹守畏譏議又比他邑較上文士子間能習古文作字工詩近師事陽明先生又多講理學文辭議論渢渢可述嘉泰志云吳越春秋有越人相送之辭曰行行各努力蓋自古風俗敦厚重離別篤交親如此故迎則敘間濶送則惜睽違觴豆迭進往往竟日舟車結束慘有行色至於童僕鈴下挽舟將車之人羅拜于前則亦犒以酒食勉往者以勤悴勞歸

者之良若思意曲盡觀者太息風俗之厚也郡志會稽實禹巡狩之地故其民性勤儉重祭祀力溝洫至于句踐臥薪嘗膽奮志復吳由是民俗勁烈及漢嚴光抗節不事人皆勵廉靖與學行東都卓特之士率皆由之觀于朱育夏統之所言殆可徵也晉遷江左中原之盛咸萃於越而越爲六朝文物之藪高人文士雲合景從風俗遂爲江左之冠唐時文雅不替風流翰墨昭炳相接故名士往往多愛遊其地自宋以來益知向學尊師擇友南渡之

後弦誦之聲比屋相聞不以貨殖侈靡相夸尚士大夫家占籍甚薄皆撙節衣食僅足伏臘子弟或干謁自衒輒爲長老所禁其有古聖王之遺乎邑人司馬相郡志畧書尚未出

歲時

元旦男女夙興家主設酒菓以奠曰接神繞室廬震以爆竹黎明始啓戶焚香拜天次詣其夙所設先人主及遺像所率卑幼拜之巳乃男女序拜其尊長誨且祝卑幼者亦以次交拜巳乃盛服詣親

屬門拜稱賀歲各以酒食相欵接

立春先一日官畢出迎春東郊閭里無貴賤少長集觀相飲樂徵逐至期用巫禱祭曰作春福

正月十四日用巫人以牲醴祀白虎之神祭畢以紅綠線釘畫虎于門上謂之遣白虎

元宵前三日官府例弛禁民則比戶接竹棚懸燈悉出土製若購自他方者毬綵錯之好事者復箕斂于市要區爲烟樓月殿火戲鰲山集珍聚奇簫鼓歌謳徹旦不息而仙釋之居燈叢以剪帶者尤

盛男女游觀于道雖極囂雜中然亦稍知讓避如是者五夕乃已

〔花朝〕二月二日嘉泰志云始開西園縱郡人遊觀謂之開龍口指卧龍山府帥領客觀競渡兒童歌青梅聲調宛轉大抵如巴峽竹枝之類士人競買花木植之園圃

〔春社〕鄉有社祭祭畢則燕其物以祭社之餘序齒列坐雖貴顯人不先杖者耆老說古人嘉言懿行子弟歌伐木嘉魚菁莪賓筵諸詩

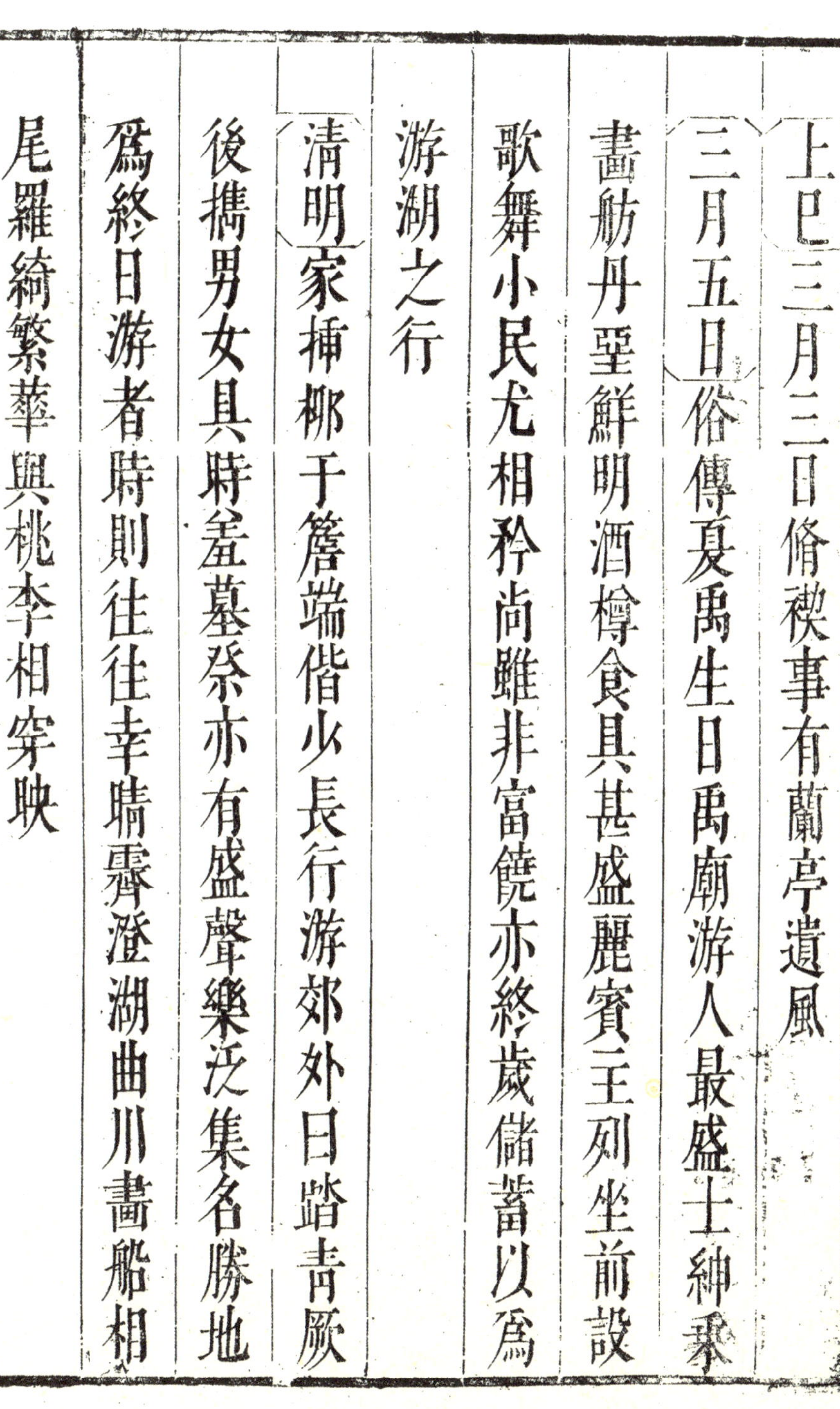

上巳三月三日脩禊事有蘭亭遺風

三月五日俗傳夏禹生日禹廟游人最盛士紳乘畫舫丹堊鮮明酒樽食具甚盛麗賓主列坐前設歌舞小民尤相矜尚雖非富饒亦終歲儲蓄以爲游湖之行

清明家插柳于簷端偕少長行游郊外曰踏青厥後携男女具時羞墓祭亦有盛聲樂泛集名勝地爲終日游者時則往往幸晴霽澄湖曲川畫船相尾羅綺繁華與桃李相穿映

端陽用紈扇角黍相饋遺家設蒲觴屑雄黃其中佩則用艾虎及綵符云以辟惡其日多忌採藥者幸趨之

夏至祀先以麵農人競渡于通津衣小兒衣歌農歌幸數十人共一舟以後先相馳逐觀者如堵

七夕相宴集乞巧

秋社如春社禮

中元薦新穀用素饌閭里作盂蘭會人家或然燈于樹或放之水中喧以鐃鼓兒童則壘瓦塔爲燈

夜分乃止

中秋相宴集賞月好事者多設具觀月華

九日登高佩萸泛菊蒸米爲五色糕剪綵旗供小兒嬉戲

冬至潔服造祠下長幼以次序拜獻時羞醢熟肉餡麵俗名餛飩視常節最隆

臘月二十四日是夜祭竈品用糖糕時果或用羊首取黃羊祀竈之義

臘月終旬盛用品物賽天神亦祀其祖先日作年

福時丐人餙鬼容執器仗緣門相逐疫畧如古之儺者

除夕 換桃符門神洒掃堂室懸紙錢于閫旁向暮家設火具罝雜薪焚之烈舉于門側曰籸盆光熠燭天爆竹雷震仍設祀曰送神已乃闔門集少長群坐歡飲曰分歲有終夜齋坐者曰守歲

禮文

冠 古者男子二十而冠醮于客位冠而字之將以責成人之道禮莫重焉

國朝以帽項分別品級制度事新剗必從舊體不可

慶

婚必擇門第士人爲媒設宴曰求媒酒往女家拜門點燭女家許允設宴曰肯酒後用禮幣蒸羊家雁果餅等物行納聘禮答以書籍筆墨冠履糕餅等物飼後請庚帖擇日饋送曰約日盤娶之日用花冠髮髻蒸豚蒸魚果品等物曰開面盤世家間行親迎禮不行者居多新婦服朝衣朝裙蓋頭袱裹脚裰婦之兄弟抱扶坐花轎鼓樂迎至中堂樂

婦扶被出轎請長輩齒德兼隆者祝壽拜花燭畢用幼輩男女執燭引道牽紅至房中飲合巹杯曰交杯盞請妯娌中賢淑者揭蓋頭謂即日拜舅姑次及親族三日告廟畢至廚房取主中饋之義設宴請婦之父兄曰親送酒俗多贅壻禮如娶婦唯不用花轎生子彌月宴親友曰湯餅會

喪大率用文公家禮初喪慟哭訃聞親族臨喪舉哀棺擇堅木斂用衣衾唯不行大斂布絞五日服成請親族成服開靈受弔塟以磚爲槨以石爲墻

大夫用翁仲望柱墓誌銘神道碑士庶家則砌石

爲墳而已斬衰服麻布衣出謝弔客曰謝孝至于

鄉里有遇喪輒舉族坐食甯薄于殯殮而豐于飲

食此風俗之漓惟在司民社者力爲挽回耳

祭以四時或用四仲分至日或元旦端陽除夕世

家咸遵文公家禮小户止列羹飯香燭家長口請

祖先而已諱日必素服祭終身不廢清明有墓祭

登第除授告廟燕客曰祭祖酒

會稽縣志第七終

會稽縣志卷第八

災祥志

夫六氣調風雨和則年穀成物繁而蕃育否則年凶物耗而天札與故災祥之關於民爲甚也然詳於地而畧於天又何哉曰災之見於天者郡則同也省與天下則同也若其見乎地則於邑尤切矣余故特詳焉嗚呼使長是邑者未災而知謹既災而能禦則庶幾乎水旱盜賊不足以厲民矣　徐渭

唐貞觀二十二年戊申大水

神龍二年天雨毛

開元十七年八月丙寅大水

貞元二十二年鑑湖竭

元和十二年水害稼

太和二年大水海溢

開成四年大旱

大中十三年地震

咸通元年有異鳥極大四目三足自呼曰羅占者曰主國有兵人相食無何有狗生而不能吠擊之無聲按狗職吠以守

樂其不能者象鎮守者不能樂寇之占也

五代

晉天福中兒童聚戲率以趙字爲語助如言得曰趙得可曰趙可相語無不然晉末趙延壽貴人將謂其應讖延壽敗謠言轉盛及宋太祖代周人始悟焉

宋

至道元年有白鸛鶴

咸平二年箭竹生米如稻歲饑

天聖中夏夜暴風震電而無雨空中有人馬聲終夜方息明日禹廟人言是夜二鼓殿門關鎖忽掣

開風霆自殿中起直西南去遣人驗之百里間林
木稼禾皆偃仆
景祐四年大水
嘉祐六年淫雨爲災
熙寧八年旱饑民疫
元祐八年大風海溢害稼
政和二年十一月民拾生金
宣和六年大雨水溢民多流移
紹興元年牛戴刀突入城中觸馬裂腹出腸時衛卒多

犯禁屠牛牛受刃而逸近牛禍也是年二月雨雹震雷十月民間大火十二月火災復作時高宗駐蹕於越部署文移多焚於火民多饑疫二年荐饑斗米千錢人食草木五年旱久大暑人多渴死秋七月海溢害稼九年十年水旱相仍民饑仰哺於官者甚衆賑之不給死者過半十八年大水二十八年大風水平江二十九年旱蝗饑三十年螟害稼

隆興元年水溢傷稼繼以旱蝗民大饑

乾道元年三月盛寒蠶麥損敗民饑疫死二年春

夏淫雨蠶麥不登三年秋淫雨蟲生害稼五穀多腐四年大水九年旱民饑疫

淳熙元年海濤溪合激爲大水決江岸壞民廬溺死者甚衆二年秋旱三年五月積雨損禾麥七年大旱饑八年大旱旣而淫雨水溢壞民居薦饑十年淫雨大水

紹熙三年四月霖雨至於五月四年七月大風驅海潮壞隄傷田稼夏無麥五年冬旱鑑湖竭

慶元元年饑二年大水恒風夏寒四年饑五年六

月霖雨至八月

嘉泰二年蝗四年越人盛歌鐵彈子白塔湖曲冬果有盜金十一者號鐵彈子起爲亂相傳鬪死白塔湖中後獲於諸暨始就戮

嘉定三年六月水壞田廬八月大風壞攢宮陵殿宮牆六十餘所陵木三千餘章八年八月夏寒雨雹害稼九年大水蝗生十年旱十五年淫雨爲災

寶慶元年四月雨雪

嘉熙四年旱荐饑

景定三年蝗五年大水

咸淳七年大風拔木

元

至元三年二月大水九年六月水十八年饑二十

六年大水

元貞二年水

大德三年旱六年旱饑十一年大饑

至大元年春疫

泰定元年旱饑

至順元年水

元統元年夏旱

至元三年大饑

至正三年旱十二年旱十四年十二月巳酉地震

二十年夏大疫二十二年又大疫

明洪武二十六年閏六月大風海溢壞田廬三十二

年二月初九日地震

永樂十三年旱

景泰五年十二月大雪至二月乃霽七年夏五月

淫雨傷苗是秋淫雨腐禾歲饑

天順元年旱饑五年夏五月淫雨傷苗八年冬十二月地震

成化八年秋七月十七日夜大風雨拔木海溢漂廬舍傷苗瀕海男女溺死者甚衆九年竹生米十二年春大風雨雹大饑十三年春瓜山大裂夏六月大風雨海溢秋七月螣生十九年癸卯民訛言有黑眚至於杭閭里皆驚逾月乃息

弘治元年大饑二年饑四年饑七年秋七月海溢十三年民間訛言詔選女子一時嫁娶殆盡十八

年九月十二日地震生白毛
正德元年夏旱饑三年夏大旱民訛言黑眚出七年海潮溢入壞民居濱海男女溺死者甚衆
嘉靖二年旱饑三年大旱十三年秋七月颶風淫雨壞廬舍傷稼寡收十八年大水十九年夏蝗二十四年大旱民饑米一石值銀錢有八分三十四年有物方長如一尺續飛空中映日作金色數鷹逐逐之時繫獄者劉朝忠見之祝曰如祥也則墮此已而漸近果墮獄中則異之草蓆也禁卒持白於

官時知縣者爲古文俩俞祝讓之夏倭寇失船於海者自東關入止三十七人轉戰無前以失路陷臯埠水澤知府劉錫率衆出戰潰越一夕轉掠以逃卒殲於常州之五木鄉三十五年倭失船者八十餘徒亦入自東關所過焚殺至殲於龕山

隆慶二年元旦晝大風屋瓦爲震縣堦折一巨栢城中數災已而民復訛言詔選女子數夕內嫁娶皆盡春有虎入城中宿蕺山徙明真觀道士曉開覺傷之衆譁逐走于秋巷墮廁中爲諸丐所斃

萬曆元年夏民馬桂家產豕雙首行輒仆明年秋

丐家產豕六足而兩爲人手十二年九月府城隍

下殿盡燬十六年大饑斗米三錢莩民載道婦女

有好餙而餓死者二十五年紹興府廳事盡燬二

十八年大饑米斗二百文民多餓死二十九年正

月十六日夜臥龍山上城隍廟火起殿宇并星宿

閣俱燬火光照耀滿城盡如白日三十七年七月

二十三日海發颶風塘壞浪衝城內街砌石漂

去里許方沉没人民淹溺無算四十七年横街連

芳牌火起焚百餘家四十八年四月二十一日大

雪天邊龍見

天啓元年臥龍山發洪五年乙丑大旱民饑

崇禎元年七月二十三日午後大風飄瓦吹倒石

坊雨三日海水大溢街可行舟沿海居民溺死者

數萬二年八月九日大雨水壞田禾民饑九年七

月龍見觀者如堵十一月二十七日戌時地震十

三年有蝗從西北來不雨者四月米價騰貴十四

年正月大雪絕句米斗三錢貧民爭入富家攫米

有司力禁始息各坊都紳士捐米賑恤夏秋旱十五年復大旱連年桃李冬花民饑

皇清順治三年六月旱七年饑十六年虎至西郭門傷人

康熙七年六月十七日地震夏地生白毛八年七月二日雨雹九年夏淫雨田禾半壞

會稽縣志卷第八終

會稽縣志卷第九

田賦志上 上中二 述舊志

戶口　貢　田地　山　蕩　池　塘　漊

鹽糧　鹽鈔　馬價　水鄉　水夫　新丈

夫口與業相停而養始不病養不病而後可以責民之賦今按于籍戶六萬二千有奇不丁不籍者奚啻三倍之而一邑之田僅四十餘萬畝富人往往累千至百十等其類而分之亦止須數千家而盡有四十餘萬畝之田矣合計依田畝而食與依

他產別業而食者僅可令十萬人不饑耳此外則不沾寸土者尚十餘萬人也然即令不占於富而井分之土亦不足矣焉在其爲不病于養哉既病其養而欲責其馴加于無恒產而有恒心者則可耳而若是者能幾何人耶噫亦窮矣蘇軾有言吳蜀有可耕之人而無其地荊襄有可耕之地而無其人軾之意大約欲輦徙饑寒正令戶與業相停也嗟乎此豈易言者哉　徐渭

戶口

隆慶六年之籍者戶凡萬八千六百有八口凡六萬二千有四其爲丁男者四萬六百一十有三爲女婦者二萬一千三百九十有一析之民之戶萬四千八十有七口三萬二千七百五十有一其爲丁男者二萬七百五十有一爲女婦者萬一千三百四十有八軍之戶千六百一十有二口六千七十有四其爲丁男者四千五百三十有一女婦者千五百四十有三其他若竈之戶六百九十有七口二千一百五十匠之戶三百五十有四口三

千三十有五官之戶百有九口二二百六十生員之戶二百有七口五百五十有六力士校尉之戶二十有八口百二十有二陰陽之戶十口四十有二醫之戶三十有七口百有九廚之戶三十有五口百有八十捕之戶十有五口五十有七弓兵鋪兵之戶六十有五口四百二十有六水馬驛站壩夫之戶二百六十有七口二千一百五十有三而女婦存于其中矣僧之戶則二十有八口則八十道之戶則二十口則三十有五戶口實數無考于前代僅得嘉靖近籍問

諸相授受者曰是亦漫書以應耳必核之非里胥歲月可辦也故姑取隆慶之新籍以志

貢

每歲貢茶三十觔路費銀二十兩徵入條鞭附嵊縣貢茶十八斤貼路費銀六兩每歲四月輪禮房吏一人解京

田

邑田當未量之先合官民額凡三十九萬七千四百二十五畝二分八釐一毫七絲一忽嘉靖二十六年十月六日知縣張鑑始量之內取嵊田之在我界者歸于嵊凡九百九十六畝七分三釐四毫

外取我田之在嵊界者歸于我凡五千畝視舊增四千三畝二分六釐六毫時爲田四十萬一千四百二十八畝五分四釐七毫七絲一忽迄量復于嵊界所歸田五千畝中得隱田七百一十一畝九分四釐于槩縣田中得隱田二萬六千二百九十九畝七分五釐一毫三絲九忽于墾地中得新田九千二百三十三畝一分四釐八毫九絲嵊縣與會稽田相混而今各除歸考實入隆慶六年之籍者凡四十三萬七千七百七十三畝三分八釐八毫每畝均科麥

二合二勺凡九百六十三石一斗一合四勺五抄三撮六圭鈔三文七分二厘凡一千六百三十七貫七百七文每貫徵銀二釐米一斗一升七合九勺凡五萬一千六百一十三石四斗八升二合

全科田右田之在水鄉者爲腴凡二十有三處曰一都二都三都四都五都六都七都八都九都十都十一都十二都十三都十四都十五都十六都

十七都十八都十九都二十都三十一都三十二都及在城者凡三十四萬八千七百六十八畝準前每畝均科米一斗一升七合九勺凡四萬一千一百一十九石五斗一升一合四勺爲全科田法派

每畝米一斗一升七合九勺內派北折南折備折存折扣折改折海折之餘即係本色名存留而扣改海等折則有無不一其他折若本色則多寡不同每歲布政司承戶部府承司縣又承府之分坐而旋派以徵于民故難定其數輸倒南北折以輸京扣備海等折以輸軍門故或年有年無而存留本色若存折備折則以供官吏軍伍之俸若饑年之賑輸府之如坻倉泰積庫山陰之三江倉餘姚之常豐一倉三倉蓄以萬曆元年所派所輸爲準

○萬曆元年分額徵夏稅麥并新增續認一千一

十一石七斗二升一合內起運于京庫者麥六百五十四石四斗八升六合四勺每石折銀二錢五分共銀一千六十三兩六錢二分一厘六毫解京路費每兩二分二厘五毫存留于本府如坻倉者麥二百五十八石二斗三升四合六勺內二十三石四升每石折銀九錢共銀二十兩七錢三分六厘二百三十五石一斗九升四合六勺每石折銀八錢共銀一百八十八兩一錢五分五厘六毫八絲于儒學倉者麥一百石每石折銀八錢共銀八十兩于本府泰積庫者夏稅鈔三百二十五錠二貫七百七文每貫折銀二厘共銀三兩二錢五分五厘四毫一絲四忽○額徵秋糧米五萬三千二百七十三石六斗八升八合七勺另復收嵊縣先未減盡田米三石五斗九升六合四勺共米五萬三千二百七十七石二斗八升五合一勺內起運于京庫爲北折者米一萬一千四百八十八石七斗八升二合九勺每石折銀二錢五分共銀二千八百七十二兩一錢九分五厘七毫二絲五忽解

司轉解京路費每兩二分二厘五毫于南京各衞倉者米八千六百八十八石一斗九升三合每石折銀七錢共銀六千八十一兩七錢三分五厘一毫解司轉解京路費每兩八厘五毫爲派剩者米二百六十八石八斗七合一勺四抄一撮九圭每石折銀六錢共銀一百八十八兩一錢六分四厘九毫九絲九忽三微三塵解司轉解京路費每兩一分一厘五毫爲南折者米五百一十九石六斗四升五合八勺八抄八撮一圭每石折銀六錢共銀三百一十一兩七錢八分七厘五毫三絲二忽八微六塵解司轉解京路費每兩一分一厘五忽存留于本府充餉預備者米四千一百一十三石三斗四升三合四勺每石折銀五錢共銀二千五十六兩六錢七分一厘七毫解司每兩路費二厘五毫于本府如抵倉充餉者抑折者米一千二百九十五石三斗六升五合每石折銀若干共銀六百四十七兩六錢八分二厘五毫解司路費每兩二厘五毫爲存折者米五千三百三十八石九斗

四升三合二勺八抄每石折銀五錢五分共銀
千九百三十六兩四錢一分八厘八毫四忽爲改
折者米五千五百八十一石八升四合六勺六抄
每石折銀五錢五分共銀三千六十九兩五錢九
分六厘五毫六絲三忽爲本色者米五千五百八
十一石八升四合六勺六抄○于餘姚常豐一倉
爲改折者米三千八百八十石八斗八升九合五
抄每石折銀五錢五分共二千一百三十四兩八
分八厘九毫七絲七忽五微爲本色者米三千八
百八十石八斗八升九合五勺于常豐三倉爲改
折者米四十八石三斗二升六合一勺三抄五撮
每石折銀五錢五分共銀二十六兩五錢七分九
厘三毫七絲四忽二微五塵爲本色者米四十八
石三斗二升六合一勺三抄五撮于山陰三江倉
爲改折者米一千二百七十一石八斗二合四勺
每石折銀五錢五分共銀六百九十九兩四錢九
分一厘三毫二絲爲本色者米一千二百七十一
石八斗二合四勺于本府泰積庫爲秋租鈔者米

一千九百四十七錠八百二十九文每貫折
銀二厘共一十九兩四錢七分一厘六毫五絲九
忽六
微

全折田右田之在山海鄉者爲瘠凡十處曰二十
一都二十二都二十三都二十四都二十七都二
十八都二十九都三十都三十三都以上各都俱與折糧又與
十三畝折丁詳見後折丁下及贍儒學者田六十六畝四分七厘六毫坐第七都亦
瘠故亦與折糧但不折丁凡八萬九千七畝三分八厘八毫準
前每畝均科比折米九升七合九勺凡八千七百
一十三石八斗二升三合二勺八抄五撮二圭每

石徵銀二錢五分備折米二升凡一千七百八十石一斗四升七合七勺六抄每石徵銀五錢爲全折田山海鄉瘠田其科米之數悉同水鄉但盡得准北備兩輕折如右此爲特異耳麥鈔之科則無分于腴瘠悉準前數

量折田右田之瘠有等故有與折亦止視其等而不與全折者瘠之坐止于某都中之某圖某坂故有與折亦止及其圖某坂而不及全都者然此類田又適爲民竈所業故曰民竈北折田計都凡七計都中所領之圖凡十有四計坂凡七十有三計

畝凡二萬八千五百四十二畝八分六厘五毫計折之等凡七計既恤于輸而折其糧復恤于徭而折其丁則有以十五畝折爲一丁者凡三十六坂有以十三畝折爲一丁者凡三十二坂又有獨恤於徭止折其丁而不及折其糧者凡二等別列之曰折丁之田悉瘠之類也總之爲量折田列其數如左

二升北折田凡一萬一千三百三十三畝三分十

三都一圖殷家塘坂田一百二十七畝六分直瀝

河坂田一百二十四畝五分西潭下坂田一百二十七畝二分海塘下坂田五百三十九畝二分東潭下坂田五十六畝五分塘角鳳坂田五百四十七畝三圖後木橋坂田一百七十二畝七頭坂田六百三十七畝四圖圡之山坂田四百六十六畝八分孫家灣坂田二百九十四畝二分胡家山坂田二百四十六畝七分周家墓坂田三百七畝三分瀝泥坂田二百九十五畝九分塘角坂田八百五十八畝一分十四都一圖塘角坂田二百九十八

畝虎坑坂田四百四十七畝八分徐家塘坂田五百四十二畝七分中巷坂田四百九十七畝五分梁巷坂田六百二十六畝二分二圖豐山坂田四百四十七畝五分豐山園裏坂田一百二十三畝八分新河坂田二百三十七畝三分後金坂田三百八十畝六分朱村坂田五百二畝四分又朱村坂田三百八十四畝三分西河職山坂田五百五十六畝九分三圖巷前坂田三百五十畝以上二十八坂俱張鑑定十五畝折丁唐時舉定折米如右

十六都三圖鷄山前坂田

即張家井坂田計七百畝二分以上一坂唐定額米如右張進思定十五畝折丁二升二合二勺六抄七撮九圭北折田凡一千三百九十五畝五分十二都一圖盧家坂田四百二十五畝六分横山坂田六百六十七畝大河坂田三百二畝九分以上三坂折米如右又十三畝折丁俱唐所定三升北折田凡一千二百七十六畝第三都一圖壺子坂田七十三畝三分第七都三圖前莊坂田三百三十六畝八分任家浦坂田二百三十八畝

三分黃公浦坂田一百畝二分又黃公浦坂田二百二十四畝二分第八都三圖小圍坂田三百三畝三分以上六坂俱唐定折米如布內五畝張定十五畝折丁其壺子一坂唐定十三畝折丁

四升兆折田凡八百八十二畝六分第八都二圖後桑盆坂田五百四十八畝五分火伏漊坂田一百一畝犁鑱坂田三十七畝五分俞沙坂田一百九十五畝六分以上四坂張定十五畝折丁唐定折米如布

四升六合七抄八撮四圭七粒兆折田凡五千四

百八十八畝六分九厘四毫十二都一圖盧家山
田四百二十五畝六分橫山坂田六百六十七畝
大沿河坂田三百二一畝九分二圖杜浦坂田一百
五十八畝八分寺前坂田二百一十二畝九分魯
家山嘴坂田二百四十一畝四分遼河坂田三百
一十八畝八分孫家滙坂田一百六十九畝八分
南洋坂田一千三十七畝三分王打橋坂田五十
六畝五分趙家坂田三百四十一畝七分鄔家鏡
坂田三十四畝四分道墟廟後坂田一百一十七

畝二分楮曹衕坂田一百六十六畝廟前坂田六十八畝四分黄婆漊坂田九十五畝五分東稱廟前坂田三百三十八畝八分前宅北岸坂田一百三十畝裏港坂田二百四十五畝八分八釐六毫三桂牌坂田五十六畝八分六圖洋裏坂田三百四十二畝九釐九毫又洋裏坂田一百八十六畝九分二釐六毫東稱坂田一百八十一畝二分五釐五毫大墓河坂田二百四十九畝二分二釐八毫壯浦坂田一百一畝九分黄草瀝坂田三百三

十五畝九分又黃草瀝坂田一百八十一畝三分

邵家河坂田一百二十畝九分以上二十八坂唐定十三畝折丁并折米如布

五升北折田凡九千五百八十八畝二分七厘一

毫十四都二圖屠家埠坂田六百一十八畝四分

十六都二圖康家湖坂田七百八十四畝七分以上二坂張定十五畝折丁唐定折米如布

二十都二圖人字號田八千

一百八十五畝二分七厘一毫以上一號傳良諫定折米如布不折

丁

七升北折田止下一坂故無總數十四都三圖謝溪湖坂田二千五百七十八畝五分以上一坂張定十五畝折丁唐定折米如右

折丁田

十三畝折丁之田凡一十一萬八十一畝三分六釐二毫第三都一圖湖子坂塊港坂八堡坂二處張灣坂茅泗坂墓灣坂港漊坂牛厄坂瀝漊坂九堡坂四處十堡坂十一處以上十坂凡七千四十六畝第四都一圖大園坂桑家坂仙人坂二圖嚴浦坂馬家坂四圖徐家漊坂樂野坂五圖塘角坂以上八坂凡四千五百七十四畝十一

都一圖蕢家汀南屛坂卯洑坂二圖桔枝海塘坂又桔枝海塘坂廟漊口坂楊稍洑坂以上六坂凡三千六百八畝三分十二都一圖盧家坂橫山坂大沿河坂二圖杜浦坂寺前坂魯家山嘴坂趙家漊坂遠河洑坂孫家滙坂南洋坂王打橋坂烏家鑱坂猪槽衕坂道壚廟後坂道壚廟前坂東稱廟前坂前宅北岸坂三桂牌下坂六圖杜浦坂黃艸洑坂又黃艸洑坂邵家河坂以上二十二坂凡五千六百七十九畝八分十五都一圖朱家庄等坂以上一坂凡一萬六千六百四十三畝八分二十一都二

十二都二十三都二十四都二十七都二十八都二十九都三十都以上八都凡七萬三千五百二十九畝四分六釐二毫十五畝折丁之田凡一十二萬二千二百二十六畝五分七毫第七都計五里凡二萬一百三十九畝八分五厘七毫第八都計三里凡一萬三千七百七畝六分一厘一毫十三都計四里凡一萬五千二百二十四畝八分四厘八毫十四都計四里凡一萬六千八百一十畝九分二厘六毫十六都計三里凡一萬七千一百九十四畝二分一厘四

毫十七都計二里凡一萬一千七百四十二畝九分七厘五毫三十一都計一里凡八千三百八十八畝五厘三毫三十二都計一里凡一萬九百九十五畝三分二厘三毫二十都一圖續告折丁田凡八千二十二畝七分

全免之田三項凡一萬五千四百七十七畝九分二厘九毫二十四都九湖患田凡六千六百七十五畝三分築塘江北三十三都海田凡八千七百三十六畝一分五厘先是纂風寺西滙嘴頭海塘頻年爲風濤所壞縣遣工渡

築多覆没知縣牛斗議以近塘田數如右者全免其差令充壞塘之役上司可之○地之坐此都者亦同此免詳見後地條下

儒學田凡六十六畝四分七厘以上折田之舉嘗聞諸長老云當知縣唐時舉時一有力者欲壞均糧事公窘聽其以腴為瘠悉恣其巳所欲折者而止又云以腴為瘠而得折以瘠為腴而不得折者亦在在有之不特有力者之特也雖然百利而一弊亦可謂良法矣

田之號第一都一圖天字號二圖地二都一圖元二圖黄三圖宇四圖宙五圖洪三都一圖荒四都一圖日二圖月三圖盈四圖昃五圖辰六圖宿五都一圖列二圖張三圖寒四圖來六都一圖暑二

圖往三圖秋四圖收五圖冬六圖藏七都一圖閏
二圖餘三圖成四圖歲五圖律八都一圖呂二圖
調三圖陽九都一圖雲二圖騰三圖致四圖雨五
圖露六圖重露十都一圖結二圖爲十一都一圖
霜二圖金三圖生十二都一圖麗二圖水三圖玉
四圖出五圖崑六圖岡十三都一圖劍二圖號三
圖巨四圖闕十四都一圖珠二圖稱三圖夜四圖
光十五都一圖果二圖珍三圖重珍十六都一圖
李二圖柰三圖菜十七都一圖重二圖芥十八都

一圖薑二圖海三圖鹹四圖河五圖淡六圖鱗七圖潛十九都一圖羽二圖翔三圖龍四圖師五圖火六圖帝七圖鳥二十都一圖官二圖人二十一都一圖皇二圖始三圖制四圖文廿一都一圖字二圖乃三圖服四圖衣五圖裳廿三都一圖推二圖位三圖讓廿四都一圖國二圖有三圖虞附都無號廿七都一圖陶二圖唐廿八都一圖弔二圖民廿九都一圖伐三十都一圖罪三十一都一圖周三十二都一圖發三十三都一圖商二圖湯上

望花坊坐中望朝下望問東陶道西陶堰朝東[illegible]

稽山平東仰章安寧愛西府育永昌黎東府首都

泗臣石童伏東大德弍西大尧

量田均則考

舊則列其中紹興府爲出巡事蒙巡按浙江監察御史裴欵開地方事宜爲民利弊體察甚確停當回報又蒙本院按臨本府均論各官掌印官條陳利弊呈請隨該會稽縣知縣張議陳延燭田糧課鈔水利鄉兵等五事開款申蒙本院蒙批分守道查議報奪此繳備行本府覆議除延燭課鈔水利武士等四事外內開一件均田糧以解倒懸以收集逃流人戶事開稱糧由田起未有無糧之田無田之糧也自國初任土作貢法至精詳柰何時久弊生名實混亂以會稽之田言之自當時抄沒佃種而言有官田或科九斗或九斗四升二合或九斗三升六合或八斗或

八斗一升九勺或七斗或七斗三升七合七勺或七斗五升七合或六斗或六斗一升三合或六斗三升二合或六斗四升或六斗六升或五斗或五斗二升或五斗二升三合或五斗三升或五斗四升或五斗六升或五斗九升或四斗或四斗三升八合或四斗四升或四斗八升或三斗或三斗三升或三斗五升或二斗或二斗三合或二斗三升或二斗五升或二斗七升或二斗八升或二斗九升或一斗或一斗九升或三升七合計官田九等凡三十七則自民家買受而言有民田民田與站田或三斗或二斗或名附餘田二斗三升或二斗六升或名畈科田二斗七升或名湖田科二斗五合五勺或二斗三升七合或二斗五升或二斗九升或一斗或一斗九合或一斗二升三合或一斗三升或一斗六升四合或一斗五合五勺或四升三合或五升或五升二合或五升五合或六升三合或六升五合或六升或六升八合或七升或七升八合計民田四等凡二十七則山鄉之田又有

二升八合三升二合三升三合三勺共該六十四則則數繁多奸弊易由賣田者隱重則以邀高價而摘糧在戶買田者圖輕則以便收納而貽患他人事久人亾考究無法摘糧遂號無挨之糧矣于是里書遇造册之年受富戶之賄飛入貧戶受勢豪之囑加與愚善先界無無挨之糧而今界忽有數斗今界止有數斗無挨之糧而後界忽加數石有一甲戶而無挨田糧數十石有一里一都而無挨田糧數百石者里長派之遞年遞年派之甲首典妻鬻子傾產蕩業代與賠當產盡而逃遂名絕戶一戶逃則九戶賠二戶逃則八戶賠絕戶無証虛糧益添遂至槩縣無挨之田一萬四千三十九畝七分五毫無挨之糧一千六百五石七斗五升六合八勺而生民之害至此極矣故有田者或捏爲坍江海患名色或寄入竈匠患田地方以冒圖優免巧者種無糧之田而愚者納無田之糧寃抑日聞訐訴無已此皆等則之多以啓之也卑職自受任以來每遇詞訟內告及前件者務與根究明白

別置號簿類編備開以俟後來查考然大江決隄寸土無益竊以爲田有高下勢所必然然一望之間未必遽分爲五六十等且此除彼收前免後換田土坐落已非原處實既更改名亦難憑合無將前項等則盡行革去止以山鄉水鄉海鄉三者定爲三等坐落山鄉者收成最薄納糧宜輕則查山鄉之田數并其糧數卽以山鄉之田均攤山鄉之糧每畝一槩若干斗升坐落海鄉者收成畧厚則查海鄉之田數并其糧數卽以海鄉之田均攤海鄉之糧每畝一槩若干斗升坐落水鄉者收成最豐則查水鄉之田數并其糧數卽以水鄉之田均攤水鄉之糧每畝一槩若干斗升三處各分三様字號以便稽查以槩縣之田受槩縣之糧而無無挨之田以槩縣之糧徵入槩縣之田而無無挨之糧奸巧者私計不行貧愚者全生有日絶戸者當有承受無逃流者或可回還矣此地方倒懸之患而生靈之所以延頸切望者也未知可否乞賜照驗等因到府該本府知府沈覆查田糧之獘莫獘

于紹興有田連阡陌而户之輸者止于升斗之家地無立錐而糧之倍者反有十百之積問其田則曰無挨田問其糧則曰無挨糧豈眞無挨者哉紹人立此名以愚官府之不知者耳知縣張鑑謂糧由田起未有無糧之田無田之糧端有見也即其爲弊之端有四一曰詭糧絶户蓋其户本無田無糧也奸人賄書忽寄升斗于上明年倍之後年又倍之積至歲深存者不下十百多則不知其所自來矣二則產去糧存蓋賣田者利于重價將官作民將湖作站摘糧代辨故則不知其所去矣三則三轉一關何也如趙甲之田本無賣出買入也冊時故爲推收一推于錢乙再轉于孫丙更轉于李丁而復還本户或于孫丙而摘糧改多改少或于李丁而摘糧改官改民去者無求而來者無辨矣四則借名脱實如本户田糧本無故也忽捏坍毁積荒誣詞告官勘量遍借别處坍塔廢址冒認已業賄勘者捏數同官賄奸書推糧存里始則朦賠終則規脱矣至于詭寄竄户詭寄權貴巧避百計

皆飛詭爲之也弊極民困該縣討究其由而歸罪于等則之繁瑣是以欲爲三則各以其糧山則攤山海則攤海水則攤水以釐革其飛詭之多端不可不謂救時之急計也但其間有未盡之意本府同是斯民之責所關利害八縣相同豈止會稽而敢不殫知盡言以俟採擇照得均糧之法稽諸郡縣之已行者如蘇州湖州廬陵等處皆嘗均之未有不爲斯民造福而同聲稱善者但均一之法非徒總算均攤可以集其事而定其業也必須先之以清查所謂清查者按圩圖流水以立其本參黄冊實徵以稽其弊有不明者加之丈量以覈其實本職躬覩蘇州府知府王嘗用是道建議于巡撫歐公舉一郡之根而均之其名曰均耗而不曰均糧蓋以成憲未敢更移也其登黄冊之則其額如故而造實徵之數其糧則均分高卑肥瘠山海用原通攤一則是以賦役均平萬世永賴刊布文冊班班可考切今會稽欲均三則意非不善以愚籌之若不清查究其飛詭之糧悉還本根之土則前

所謂無糧之田仍舊無糧無田之糧仍舊無田洒三等之則猶足以滋奸書之出入奸書之出入既久則夫三則者猶夫六十四則云耳弊能免哉本縣竊爲均惟一則廼爲至當不易之規而後可以盡革諸則之弊何也糧止一則愚夫愚婦有若干之田就可以知若干之糧書雖神奸無所容其出入之巧矣夫該縣之欲爲三則者特以山田海田不可與膏腴水田爲等也不知折色輕貴豈不可爲之劑量調停者乎如山陰天樂一鄉全以折色畀之法可推也又均糧之法豈獨會稽可行算得各縣如山陰每畝得一斗三升六合零會稽得一斗三升三合零蕭山得九升九合零諸暨得[illegible]升六合七勺零餘姚得五升七合零上虞得九升二合零嵊縣得四升四合零新昌得三升六合零此則按其原額之數而通融積算應得其則如此其間新開新漲告病者皆未與焉使將其告佃未科者盡行查出則其糧之均平多少不止于斯也近年以來本府通判葉山陰知縣劉因見本地並無

坍江坍海積荒之田而虛糧日增者不可勝計百姓日以無挨糧田告擾俾由申蒙管糧道批允丈量清查俱有端緒冊頗可稽惜其不從圩圖流水以立其本是以未得釐奸訂正之實而卒亦莫之行焉本職到任以來即爲致意毎求其圖冊以爲之按先爲惡其妨已者所偷毀而今豈敢輕謂清查之易易也哉竊照會稽無挨田一萬四千三七九畝零而無挨糧一千六百五石七斗零惟此田被奸人所朦隱故此糧無所歸着不免累賠于無辜之愚民其在山陰諸暨餘姚無挨之田無挨之糧比之會稽爲尤甚皆如是之飛詭耳非此田之外別有此糧也苟不清查改正而遽以三則均之不知此田此糧當復置之于何等之則也是以敢謂所議三則不如一則之公且易也如一則而不先之以清查則如前所陳山陰八縣照前數而均之無勞旦夕而可責成其就緒然但可以爲救偏補隙之圖而非所以爲拔本塞源之政也故愚謂必清查丈量而後可迂腐之見未識時宜倘以清

查之說爲可行其間稽察體要尚須序列條件以
上陳磨勘工程亦須寬假歲月而後舉兄事于更
始未必斯民之樂從所碍頗多難免權豪之聚怨
若非主畫一之議者堅執而不撓總爾威之權者
相信而無二則當局者期惟顧于及瓜勤事者心
猶懼于投杼此本職所以未敢信其功之必可成
也且一方之利害匪輕百年之因革甚大予奪之
命合取上裁非本府所敢專擅也類行逐欵覆議
開申
轉詳

歸田考　知縣楊節立石歸田記會稽土田在二十
五都二十六都凡二萬八千四百餘畝界
于嵊成化八年丞馬君馴徵糧于兩都間兩都民
抗之白當道疏于朝以兩都土若人割治于嵊爲
嵊之五十五都五十六都嘉靖二十年張公鑑度
縣田一其糧至兩都于二萬八千四百餘畝之外
得所隱田五千畝割其糧歸我迨隆慶三年嵊縣
知縣薛君某亦度縣田一其糧彼都頑民衆是以

舊所歸我隱田之糧復冐還其冊爲田一百五畝有奇于是兩邑民若里正等交白于當道屬節與薛君理之復歸于我嗟夫古人有讓田若虞芮者今若此幾于爭矣曰殆非也二國之君當周時世有其土已得而專之故已亦得而讓之今海內尺寸地皆王家物縣官者不過爲天子愼守百里之土而已安得而專其讓耶且按籍而徵者糧也旣入于此忽入于彼夫孰得而詰之其于徵也不已敝乎故今之有玆舉也迹幾于爭實乃所以止爭刋石以表俾後來者永鑒勿惑嗟夫民抗會之丞乃并土而歸于嵊使彼復抗嵊之丞將復誰歸如是則前之割土未可以爲得矣今復取會土之隱者而亂于嵊亂其可聽乎萬

曆元年三月祥符楊節識

收歸嵊田 凡五千畝并盈出者七百一十一畝九分四厘地凡二百五十八畝九分二厘二毫內坐十二都田一十畝三分三厘一毫十四都田三十二畝八分七厘十六都田六畝八分三

厘十九都田六畝五分一厘二十二都田二十四畝九分三厘三毫二十三都田五畝七分九厘八毫二十八都田三畝九分二十九都田二畝二分九厘七毫三十都田六畝七分五厘八毫二十一都田一百畝一分二十四都田四千二百七十一畝二分八厘地二百一十三畝二分八厘一毫二十七都田一千二百四十畝二分二厘三毫地四十五畝六分四厘一毫

退歸嵊田　凡九百九十二畝六分八厘四毫內第九都二圖陶宗夫田二十八畝七分三厘八毫二十一都二圖董泮等田二十七畝六分四厘八毫三圖胡澤等田九畝七分八厘八毫四圖宋儀定等田一十一畝八分六厘九毫二十二都二圖董雷田九分五厘五毫二十四都一圖龔森等田八十畝七分一厘八毫二圖章文正等田二百三十一畝七分二厘四毫三圖陸仁等田四百四十七畝八分一厘一毫二十七都一圖孫權等田六十四畝九分一厘八毫二圖鄭文禮等田

九畝六分七釐七毫東南隅三圖盧鰤玨等田一十六畝五分八毫四圖趙澤田五畝六分九釐八毫東北隅四圖傅機等田三十畝八分六釐四毫五圖錢鎮等田十六畝一分四釐六毫六圖高士誠田九畝六分一釐六毫

全免患田考

會稽縣里遞陳顯素等告免九湖患田里甲差徭緣由申文蒙浙江等處承宣布政使司帶管分守右參政劉批發會稽縣將前項患田逐一查明具由并連人卷解府查勘去後隨據該縣申稱行准本縣縣丞喻南伀勘查闔開親詣患田處所拘集本都里遞王宣等隣都里遞鍾弘壽金等逐一公同踏勘得患田內（水滄湖坂）寸字號田六百八十畝（張家湖）非字號田四百三十畝（杜家湖）實字號田七百八十畝（思鷩湖）非字號田四百三十畝（白蕩湖）寶字陰字非字各號田一千一百畝（離家湖）陰字吳字各號田一千二百畝（范洋湖）寸字號田一千四百七十畝（草[illegible]

湖璧字號田八十五畝（大湖底）昃字號田五百畝
共田六千六百七十五畝各果坐于九湖其田俱
是湖灘開成外高內低若遇霪雨九湖盈满出水
之處兩山鎖隘窄狹難泄又加以外江水起逆流
而入是以經旬不泄如天晴亢旱名設九湖並無
蓄水河蕩雖欲車戽不可得也以致有水即澇無
雨即旱田禾十無一收今年水大荒蕪尤甚雖有
栽布全無收成審各鄰都里遞鍾弘壽金等衆結
前田畝數是的又稱原科三升二合槩均一斗一
升民賠極苦取結備關前來准該本縣知縣莊查
審前情是實猶恐不的覆審該縣里長丁宣隆盛
貴等衆結前田果係低霪澇旱十無一二有收似
應優免里甲差徭備由取結并解里遞陳顯素到
府查審間隨爲乞照奏卷優免以甦困苦事蒙寧
紹兵備道謝批發該縣申詳里長黄權聰等亦呈
患田優恤差徭緣由蒙批仰府併查議報遵該本
府知府徐查審得里遞陳顯素等執稱前項患田
古名九湖四圍逼山外高內低形如釜心遇雨水

溢則山鎮不泄逢旱則上拆沙飛無水車戽以致澇旱俱病年歲無收田上差徭責着該年賠納極苦不勝等情又再三研審衆口一詞具由申蒙浙江等處承宣布政使司程批府申文蒙分守右參政張批府申詳里遞陳顯素等優免九湖患田里甲差徭緣由依蒙備行該縣速查前項患田糧差作何區處具由申報去後隨據與該縣一則每畝科米一斗一升七合九勺俱准北備二折原先議免里甲雜泛差徭均派該縣已經申詳去後今蒙前因又該掌縣事本府推官陳行拘陳顯素等到官查審得前項正額錢糧常年應照則輸納各亦情允無詞其一應雜泛差徭相應特與優免庶若樂適均民情允愜但見今各里甲雜泛差徭攢派已定難以更改合候申詳允示查照優免具由申覆前來據該本府知府徐覆查得陳顯素等所告優免患田出辦糧差既經該縣查勘秋糧照舊與該縣一則科米俱準全折與各正額錢糧輸納但止一應雜泛差徭悉與優免分派該縣出辦則當

優恤庶民自甦合無恭候允示之日備行槩縣自隆慶元年爲始遵照優免惟復别有定奪緣蒙再議報奪申允照詳等因蒙批如議行繳蒙此案照前事已經具由通詳去後今蒙前因擬合行縣遵照爲此帖仰本縣官吏照帖備蒙各批申呈內事理即將陳顯素等所告九湖患田錢糧輸納其一應雜泛差徭自隆慶元年爲始遵照優免分派槩縣出辦仍給告示曉諭等因采錄于此以見前所折田若全免等類雖不盡出于民間之告訴然因告訴而始與折且免者有之矣

地

原地四萬四千五百五十四畝二分四厘三毫九絲內墾以成田而量入田之籍者九千三百三十三畝一分四厘八毫九絲今實入隆慶二年之籍

者爲地止三萬五千二百二十一畝九厘五毫內儒學地三十畝六厘二毫得全免科縣之屛基若開元寺地合一十八畝六分二厘一毫武肅王祠地七畝七分九厘二毫長春觀地一十七畝三分四厘龍王堂地四畝八分九厘第九都樊浦寺地二十一畝六厘自縣屛至樊浦寺總之凡六十九畝七分三毫並得免科米其麥鈔仍科如數按原額地除以上免科之外計科者凡三萬五千一百二十畝九分二厘三毫每畝均科鈔七十八文足

二千七百五十一貫九百五文麥一合五勺一抄
二圭二粟凡四十九石六斗一升九合五勺四抄
六撮四圭

全科地右地之在水鄉者爲腴凡十有六處曰一都二一都三都四都五都六都九都十都十一都十二都十五都十六都十八都十九都二十都及在城者凡一萬八千八百九十畝七分五毫每畝除麥鈔照前數科徵外仍均科米九升九合凡一千三百三石四斗五升八合六勺五撮照腴鄉之田

派徵北備南存扣改海等折

量折地右地之在山海鄉者爲瘠凡九處曰二十一都二十二都二十三都二十四都二十七都二十八都二十九都三十都三十三都內有築塘折丁地見後凡一萬五千五百三十六畝六分一厘八毫無畝除麥鈔照前數科徵外仍均科北折米二升凡三百一十石七斗三升二合三勺六抄

折丁地有五十畝折丁之地在前水鄉一都二都三都四都五都六都九都十都十一都十二都十

五都十六都十八都十九都二十都之中及在城者摘計之凡一萬二千九百七十一畝九分六釐六毫爲水鄉中之瘠者有七十畝折丁之地在前山海鄉二十一都二十二都二十三都二十四都二十七都二十八都二十九都三十都之中者摘計之凡一萬五千五百三十六畝六分一釐八毫爲山海鄉中之尤瘠者有八十畝折丁之地爲七都八都十三都十四都十七都三十一都三十二都全計之凡五千九百八十八畝四分四釐九毫

悉免其科米若科麥科鈔仍優以折丁如右緣其瘠更甚于前兩等也又有八十畝折丁之地在海鄉三十三都者摘計之凡六百九十三畝六分以充海塘之役其後與築塘全免之田同故優以折丁如右每畝仍科北折米二升凡一十三石七升二合

山

山舊額合官民凡若干嘉靖四十四年知縣莊國禎始撿盈之爲山若干今實入隆慶二年之籍者凡二十二萬四千三百一十一畝五分二毫每畝

均科鈔二十九文二分七厘凡六千五百六十七貫六百一十二文每百畝折一丁國初山賦甚輕每畝科鈔五文而徭則以百畝僅準爲一丁其時卽有摘山重貿如實山十畝却僅作五畝出賣半分其徭賦彼則廿而重價買之詭寄倖免以淆亂其籍然猶以徭賦之輕雖戶有虛山者不深以爲病至嘉靖二十五年知縣張鑑實始度田將并及山畝沿海老人某乘此謂山利頗厚始改五十畝爲一丁實則未經覈度于是戶有虛山者始稍病而猶未甚也迨于軍興用缺兵食歲增派田照丁派山照畝總計一丁之山視田幾加二倍而無山有額之家始不勝其困矣嘉靖四十四年進思至始議核之令民自報乃至山額視舊減十之四邑人季本移書爲陳核法且復請輕賦如舊而進思以擢去國禎繼之亦將履山隱山者不利其履競以難阻時本已歿會有持書州以白者國禎從之定制仍百畝準

一丁而缺額若無計則每畝槩增若干以取盈焉雖數未盡核徵未盡均然準丁一事民頗便之爰附本書于此其書曰伏聞查理境內虛山此百姓之至願也但逐畝丈量于勢難行恐無成功則只作一塲話說矣緣山深者險峻𡸣阻雜以虎豹非人力可到而亦非弓尺可施故有千萬僅掛一二于籍者惟水鄉之山平坦莫掩或有以一二而冐十九者其利害爲大相懸絕耳且以洪武初年各里坐都舊額爲主責令排年里長就于本都山內查合此數以都管都不逾月而可定矣自成化以前山畝有稅而無差故人戶中載山多者不以爲意至天順以後以山計丁始有飛詭隱匿之弊然猶以百畝當一丁也至張石洲丈量田畝懼科之重有十二都老人某者起分糧于山以輕田科之議因而需索有山之家不得則以山五十畝爲一丁以惑官聽而誤從之故山差比舊加倍而遁者又增軍餉科派皆與田同其困愈甚且各縣皆以百畝爲丁而獨會稽以五十畝此豈均平之政哉

如某老人者誣上行私不顧朘民膏血之流於處古之所謂民賊也豈可容于堯舜之世哉况即一邑而言之有山之家多致隱瞞而額闕無山之戶或以飛詭而數增其不均又甚今遇賢明父母在上不早爲民釐正則小民之困苦無休息之日矣飛詭之弊在近界老書其底冊傳之子孫囬有存者然亦或各去戶虛增之山而實山之久有欺隱者雖舊存底冊亦無可稽也必須按里清查乃始得實○又者民趙德仁等呈內云量山不比量田但是斜尖凹凸不等號大則弊多號小則弊少凡百畝以上定有彎朧不能畫量入冊務須分號方無遺漏或以三直三橫法量搜弊始盡今呈數法伏乞裁處一乞令遞年量山每號就註某山名某形某以某法量之如此開造冊報臨撞易知若山如船形者內有彎凹蛇形者中起高壠如兩旁牽量便是作弊必須當心直量中濶處橫量以梭形準之方爲無弊

蕩

蕩有二一曰米蕩原額若干量之得隱蕩若干今實入隆慶二年之籍者凡八百五十八畝六分六毫每畝科米二升九合八勺九抄三撮一圭凡二十五石六斗六升四勺八抄九撮八圭照水鄉腴田派徵北備南存扣改海等折一曰鈔蕩原額若干量之得八千七百七十五畝六分每畝均科鈔一十七文一分凡一十四貫六百八十二文不入于黃册爲別籍掌于戶房之吏收于里長輸于縣

並五十畝折丁（米蕩入黃冊鈔蕩不入黃冊求其故一云蓄魚者爲米蕩蓄茭菱等草者爲鈔蕩一云向因漏報故不入黃冊者別爲鈔蕩也）

池

池舊額五十九畝二分量之得盈池二百一十九畝三分九厘五毫三絲今實入隆慶二年之籍者凡二百七十八畝五分九厘三毫每畝均科鈔一十九文凡五貫二百九十三文米三升凡八石三斗五升七合七勺九抄照水鄉腴田派徵北備南存扣改海等折每五十畝折一丁

塘

塘量之減于舊二百三十二畝七厘三毫八絲較之量出池數大約相準今實入隆慶二年之籍者凡五十五畝四分八厘二毫每畝均科鈔一百一十三文凡六貫二百六十九文米三升几一石六斗六升四合四勺六抄照水鄉腴田派徵北傋南存扣改海等折每五十畝折一丁

漊

漊量之今實入隆慶二年之籍者凡一畝八分九

厘七毫每畝均科鈔四十八文九九十一文米三升凡五升六合九勺一抄照水鄉腴田派徵北備南存卹改海等折每五十畝折一丁右用若地若蕩若池若塘若漊之畝數與徵則及徵丁悉爲嘉靖二十六年知縣張鑑量以後所定惟山則定于國禎

鹽糧

鹽糧米五百七十一石八斗二升七合五勺內坐派凡三項一派顏料米二百二十九石一斗七升每石折銀六錢凡一百三十七兩五錢三厘輸府轉輸于京一派本縣儒學倉米二百五十石近例

每石折銀八錢充師生廩膳一派餘姚縣常豐一倉米九十二石六斗五升七合五勺近例徵納令本折相半以給軍需閏則增預備米四十七石六斗五升二合三勺每石折銀五錢凡二十三兩八錢二分六厘一毫五絲輸于府並責辦于鄉都成丁之人每丁計銀若干

鹽鈔

鹽鈔折銀八兩七錢一分二厘三毫一絲一忽一微四塵二渺八漠以輸京庫輸府泰積庫者同閏

則折銀九兩四錢四分八厘三毫三絲七忽[illegible]微二塵八渺六漠以輸京庫輸府奉積庫者亦同並貴辦于在城十六坊成丁之人每丁計銀若干○(按孤樹裒談)國朝班戶口食鹽于天下而歲收其鈔日戶口鈔蓋以鹽課鈔也今鹽不班已數世矣而民歲折銀錢戶口鈔如故天下咸病于是然無一人言于上者祖宗之良法美意不得推行而末流之弊又不得停止良可慨夫

馬價

馬價銀二千一百一十七兩一錢八分輸于河南

(按餘冬錄)洪武二十年命兵部遣使籍杭嚴衢金寧紹及直隸徽州等七府市民富實者出貲市馬

充鳳陽宿州抵河南鄭州驛馬戶今河南有市馬戶是也

水鄉

水鄉蕩價銀三百八十七兩九錢七分二釐七毫七絲六微二纖五渺輸于府轉輸于鹽運司先責辦于遠鄉之竈今改徵于槩縣之田

水夫

水夫銀共三百五十八兩八分八釐七絲內該給蓬萊驛水夫一十一名每名一十一兩共一百二十一兩岸夫一名七兩二錢坊夫二名共銀一十七

四兩四錢鋪陳銀四兩三錢四分九釐船隻銀一十三兩七錢五分七釐五毫支應銀二十四兩三錢三分七厘五毫東關驛支應銀六十五兩七錢二分七釐四毫四絲船隻銀三十三兩四錢四分四厘四毫四絲鋪陳銀五兩六錢三分二釐一毫九絲西興驛水夫六名每名銀一十二兩共六十六兩船隻銀二兩二錢四分

新丈萬曆十年

田丈出一十八頃六十七畝八分八毫首出田一

十九畝五分一厘淤出田一十七頃九十八畝七
分四釐四毫外奉文剷去虛糧田一十五頃一十
七畝復還學田三十六畝剷復成地田一十七頃
九十五畝二分八厘改蕩一頃二十六畝五分七
釐九毫改池九十八畝七分五厘三毫壅塞成山
五畝九分九釐八毫夏稅麥二合一勺稅鈔三文
七分秋糧米每畝均科一斗一升八合八勺內水
田三千一百四十八頃八十一畝一分四厘俱徵
本色二升北折田一百一十四頃八畝一分二厘

一毫二升上北折田一十四頃一十一畝一分二釐三毫三升北折田一十三頃一十三畝八分六毫四升北折田八頃九十一畝五分一釐四升上北折田五十五頃三十五畝九分一釐五毫五升北折田九十八頃三十六畝四分二釐五毫七升北折田二十五頃七十八畝五分除合得準輕折之外其剩數俱照水田派徵本色及諸重折山鄉全折田七百四十五頃八十五畝三釐六毫海患全折田八十七頃六十三畝三分二釐一毫俱準

輕折九湖山患全折田六十六頃七十五畝三分每畝三升二合亦準輕折折丁水田十畝二升等折并山鄉田俱十三畝湖患田二十畝海患田十五畝又學田九十六畝每畝科麥二合二勺鈔三文七分米一斗一升八合八勺

地丈出一十八頃一十二畝九分一厘七毫田剷復成地一十七頃九十五畝二分八厘首出地三十七畝五分八厘五毫淤出地三頃二十四畝九分九厘五毫外剷去虛糧地三頃八十六畝一分

六釐三毫改山六十八畝三分一釐四毫改池三畝六分五釐夏稅麥每畝一合二勺六抄稅鈔七十五文秋糧米水地二百六頃二十四畝一分九釐四毫每畝六升七合五勺山地一百七十四頃三十六畝七分三釐一毫每畝二升三合二勺全荒地六頃九畝每畝二升三合五勺五抄折丁水地五十畝全荒地八十畝山地七十畝開元寺等地六十四畝八分二釐租鈔每畝三百七十六文蕩田剷復成蕩一頃二十六畝五分七釐九毫秋

糧米每畝二升七合，稅鈔五十六文，折丁并池塘溇俱五十畝

池丈出七十七畝六分六厘九毫，田剷復成池九十八畝七分五厘三毫，地剷復成池二畝六分五厘，秋糧米并塘溇每畝俱二升一合，租鈔俱五十六文

塘丈出六十八畝五分六厘一毫

溇丈出四畝八分二厘七毫

會稽縣志卷第九 終

會稽縣志卷第十

田賦志中　舊志

均平錄　均差　諸鈔　鹽課

聞諸長老云田賦之法莫善於今之一條鞭矣第慮其不終耳其意大約謂均平之始行也下諸縣長吏自爲議縣長吏以上方崇儉奈何令已獨冒奢之嫌乃忽取其疑於奢者一切裁罷之以報而令者每一舉動或奉上片檄則往往顧私篋而跼踖掌橐之吏與舖肆之人且愁見及矣至於僱役

之繁且苦若僉傳者亦往往直不稱勞莫肯應募故長老相與言曰誠能更派數百金於概邑不過畝費一毫釐不然行見千百年之大利坐變矣何者圖竊丁者將乘其隙而陰壞之也始正統間御史朱英創爲十年一役議當時便之今僅百餘年乃更之如反掌志民瘼者愼毋謂畝惜一毫釐使圖竊者得乘之以變此良法則幸甚矣　徐渭

均平錄

三辦共銀五千六百五十一兩八錢六分八釐四

毫八絲八忽

（額辦銀）二百四十一兩八錢七分九釐四毫一絲

內桐油銀一十九兩八分四釐麂皮狐狸皮銀二

兩四錢弓箭弦條銀一百四十九兩七錢六分八

釐一絲胖襖銀五十四兩一錢五分九釐八毫藥

材銀九兩七錢九分四釐八毫農桑絹銀六兩六

錢七分二釐八毫

（坐辦銀）二千七百八十二兩五錢一分一釐三毫

內水牛底皮等料銀一百一十一兩一錢八分四

釐六毫曆日紙銀四十兩五錢七分三釐八毫有閏加銀二錢一分八釐五毫軍器料銀六十兩八錢四分六釐八毫淺船料銀四百七兩三錢八分三毫段匹銀三百五十五兩七錢八分五釐五毫有閏加銀二十二兩九分七釐五毫六絲二忽八微四塵二渺六漠漆木料銀六兩三錢八分二毫四絲工料銀四百二十兩三錢果品銀一十二兩二分三釐七毫牲口銀二十三兩一錢七分六釐八毫蠟茶銀三百四十四兩八錢五分九釐六毫

〔雜辦銀〕三千六百二十七兩四錢七分七厘七毫七絲八忽內科舉禮幣進士舉人牌坊銀九十一兩四錢七分四厘七毫四絲三忽預備上司各衙門書手工食銀二兩九錢七分軍器路費銀五兩七錢四厘四毫上司各衙門新官到任隨衙下道家伙祭祀猪羊品物等項銀七兩一錢三分七厘七毫修理衛所城垣民七料銀三十兩四錢三分一厘武舉銀六錢一分戰船民六料銀五十三兩五錢四分八厘八毫茶芽黃絹袋袱旗號雙扛紙

餉路費銀二十兩本府祭祀銀一百三十四兩三錢二分內文廟二祭共銀七十六兩本縣該銀三十兩四錢啓聖公祠二祭共銀一十二兩本縣該銀四兩八錢名宦鄉賢祠各二祭共銀一十六兩本縣該銀六兩四錢社稷山川壇各二祭共銀五十二兩本縣該銀二十兩八錢郡厲壇三祭并白太守墓一祭共銀四十兩本縣該銀一十六兩夏禹王二祭共銀三十兩本縣該銀一十二兩南鎮二祭共銀三十兩本縣該銀一十二兩武肅王二

祭共銀八兩七錢五分本縣該銀三兩五錢越王祠二祭共銀八兩七錢五分本縣該銀三兩五錢尹和靖二祭共銀六錢本縣該銀二錢四分陽明祠稽山書院徵愛祠孫忠烈祠劉公祠楊公祠各二祭每祭銀五兩一錢四分一厘七毫共銀六十一兩七錢本縣該銀二十四兩六錢八分本縣祭祀銀七十一兩內文廟釋奠一祭共銀二十六兩啓聖公祠二祭共銀一十二兩鄉賢祠二祭共銀八兩四烈祠二祭共銀三兩三錢唐將軍二祭共

銀八兩曹娥孝女祠二祭共銀八兩城隍土地祠各二祭共銀五兩七錢諭祭夏禹王南鎮宋孝宗理宗三年一次每祭銀四十兩共銀一百六十兩本縣每年該銀二十一兩三錢二分本府鄉飲酒禮銀三十兩賃用家伙銀一兩六錢共銀三十一兩六錢孤老布花木柴銀一百五十九兩表箋綾函紙劄工食銀一兩九分三厘三絲五忽表箋委官賫捧盤費銀一兩八錢七分五厘拜進香燭銀一錢九分二厘共銀二兩六分七厘本府拜賀

萬壽冬至正旦令節并習儀香燭銀三錢八分四厘迎春芒神土牛春花春鞭三牲酒席銀五兩三錢八厘門神桃符銀三兩二錢三察院按臨廚門米菜銀二兩四錢三察院考試生員卷果餅花紅紙劄筆墨府學銀八兩縣學銀三十兩共銀三十八兩恤刑按臨心紅紙劄油燭柴炭并門皂廚役工食米菜銀一兩九分分守道經臨心紅紙劄柴炭油燭并門皂工食米菜銀一十五兩一錢三分二厘兵巡道駐劄油燭柴炭并門皂工食米菜銀

一十六兩五錢五分上司及鄰境府縣并本府經過合用心紅紙劄油燭柴炭門廚米菜銀六十六兩三察院查盤委官心紅紙劄油燭柴炭并門皂工食銀三十兩三錢八分四厘上司按臨并本府朔望行香講書紙劄筆墨銀五兩本縣銀五兩共一十兩送府下程銀九十二兩一錢六分縣送油燭柴炭銀一十六兩三錢二分共銀一百八兩四錢八分兵巡道駐劄士夫交際下程酒席銀四兩提學道按臨考試心紅紙劄油燭柴炭并門皂工

食米菜銀七兩三錢七分六厘歲考生員試卷果餅花紅紙劄筆墨府學銀七兩縣學銀三十五兩共銀四十二兩季考生員試卷果餅花紅紙劄府學銀一十二兩縣學銀六十兩共銀七十二兩歲貢生員正陪路費花紅旗匾酒禮府貢銀四兩縣貢銀四兩五錢共銀八兩五錢起送科舉生員路費花紅酒席府學銀六兩六錢縣學銀三十六兩七錢四分六厘七毫共銀四十三兩二錢四分六厘七毫迎宴新舉人旗匾花紅彩段酒席本府銀

一十二兩三錢三分四厘本縣銀一十二兩共銀二十四兩三錢三分四厘起送會試舉人路費卷資酒席本府銀四兩二錢八分四厘四毫本縣銀二十兩共銀二十四兩二錢八分四厘四毫賀新進士旗匾彩段酒禮府縣各該銀六兩六錢六分六厘七毫共銀一十三兩三錢三分三厘四毫兵巡道新任祭門猪羊酒果香燭銀一兩三錢二分本縣銀一兩六錢五分本府酒席銀一兩四錢四分本縣銀一兩二錢通共銀五兩六錢一分本府

應　朝起程復任酒席銀四錢八分本縣銀八錢
本府陞遷給由酒席銀一兩四錢本縣銀一兩二
錢通共銀三兩八錢八分本府新官到任修理衙
宇銀四兩本縣銀九兩共銀一十三兩修理府城
分司公館銀六十四兩[illegible]堂公廨監房
教場養濟院等處工[illegible]本府四十兩本縣銀六
十兩共銀一百兩[illegible]書圖紙劄顏料銀六錢六
司并府縣[illegible]杠領索樓皁銀一十四兩府城
分司公會[illegible]家伙每甲該銀一十六兩六錢六

分六厘六毫本縣心紅紙劄等項本府銀四十兩本縣銀一百八兩共銀一百四十八兩見年里甲人戶由帖紙劄銀一兩二錢一分本府理刑廳皂隸工食銀十六兩本縣官船水手五名共銀三十兩人夫工食銀一千一百三十五兩五錢三分二厘經過使客皂隸工食銀三百兩馬匹草料并馬夫工食銀一百五十兩船價并稍夫工食銀二百七十兩預備雜用銀一百兩

均平考　浙江等處承宣布政使司爲節冗費定法守以蘇里甲事准本司督理糧儲道右參

政張按察司帶管清軍驛傳道副使楊于本嘉靖四十五年五月二十六日辰時抄蒙巡按浙江監察御史龐案驗竊惟爲政以愛民爲本而愛民以節用爲先蓋財用不節則橫斂交征而公私坐困矣兩浙自兵興以來公家之賦役日繁閭閻之困苦已極若非督察郡縣責有司愛養樽節其何以堪命乎本院自入境以來周詢博訪凡可仰濟時艱少蘇民力莫不隨宜酌處悉已見諸施行其他積弊萬端有難縣舉惟里甲爲甚如供給買辦抵應私衙餽使客禮儀及鄉官夫皂與公私燕會酒席下程無一不取給焉有一日用銀二三十兩者甚有貪鄙官員計其日費不足常數即令折乾入已因而吏書等役亦各乘機詐索誅求萬狀在在有之就經案行布政司糧儲道布參政張各該守巡等道就事劑量從宜酌處通行會計各府州縣每年合用一應起存額坐雜三辦錢糧數目仍量編備用銀兩以給不虞之費俱于丁田內一體派徵名曰均平銀其所定數目固有盈于此而縮于

彼未必事事皆中一一周詳若損有餘而補不足因時裁酌隨事通融自足以供周歲之用其餘催徵出納之法供給支應之規俱有成議本院每巡歷所至質之父老萬口同詞率多稱便惟有司官吏多視爲厲已而欲去其籍若非題奉欽依著爲成法切恐時易勢殊不無朝令而夕改矣已經具疏題請奉旨該部看了來說欽此該戶部尚書高等逐欵開列前件覆議題奉旨依擬行欽此欽遵擬合刊布爲此案行二道照依案驗內事理即便會同將各府州縣續議批允增損事宜再行酌議明白徑自改正及將各院節次批詳由語一并增入逐府類成書册仍行校閱明白一面行布政司動支本院項下贓罰銀兩集工備料刊刷裝訂題曰欽依兩浙均平錄分發三司各道并所屬府州縣各一體着實奉行永爲遵守等因并開條欵及發由帖票式到道蒙此案照先蒙本院案驗前事備行各道會同將杭州等十一府所屬州縣每年徵解一應錢糧及歲內一應支費備細查出及將

欵開事件相兼叅互大率倣效賦役成規補其闕畧要見某件可因某件可革某件尚有窒礙某件尚未該載大約某縣每年共該用銀若干應否于丁田內一并審派務須卽事稽查因人詢訪叅諸見聞之實定以畫一之規必使合于民情宜于土俗官民兩便經久可行仍用條分縷析開立欵目以憑裁奪其或于物理人情有不能已者亦要損益適宜更須稍存贏餘以便遵守等因并粘單欵蒙此就經會同行准守巡各道及據杭州等十一府各開送所屬州縣里甲額坐雜三辦一應錢糧文册前來隨該二道會同逐一叅酌如原議多者減之不足者益之不當派者裁之應加徵者增之與降發均平錄兩浙政議賦役成規叅互條分縷析造册具由通行呈蒙本院詳批據呈隨事經畫曲盡損益之宜眞可謂悉心民隱極力相成者矣卽查照通行繳又蒙總督劉詳批據議周悉誠爲苦心但編派之法尤須斟酌得宜庶乎民情允協而公務可完也及查寧紹二府開報總兵叅總供

應廪給等項而杭嘉紹溫四府畧不言及此或有遺漏也仰各道查議務令事體歸一此繳奉經通行所屬遵照及查將總兵叅總供應等銀各府原派里甲者已議入册其不派里甲者聽該府照舊支册備由呈奉詳批如議行繳今蒙前因又經行准守巡各道并杭州等十一府及查開應增應減及未盡事宜文册前來復該會同備查先册失議今應加派原議不敷今應量增已經詳允遵行加增及原議有餘今應減免并奉文停免者重復細加叅酌損益逐一改正明白合行刊布分發永爲遵守施行等因并送各府文册到司准此隨該本司左布政使蔡爲查前項文錄事于田華所係匪輕茲欲刊布必須專委官員監督對讀庶免差悞以垂永久照得都事丁時渙在任堪委合無候呈詳允日將前各道送到文錄添註司銜發仰本官照式督同吏農用心楷書仍再加覆算銀數對讀字畫無差方行發匠刊刻完日仍與原册查對明白刷印分布及送本院詳閱如此庶事體不致疎

署而文錄垂久無悞矣等因具由通行呈蒙延按
御史龐詳批照詳行繳總督劉詳批准照行繳奉
此擬合刊布永爲遵守施行須至文錄者○計開
○一審編均平丁田俱分守道每年預計合屬州
縣里甲未出役三箇月之前定委廉幹官員不拘
本衙門及府佐別州縣正官親行拘集該年里甲
人戶與實徵丁糧手册黃册逐戶另審明實通計
合用本年額坐雜三辦一應銀數共該若干除官
員舉監生員吏承軍匠竈等項照例優免并逃絕
人戶免編外其餘均平科派折田爲丁每丁該銀
若干某戶該銀若干一歲應納之數盡在其內完
日將審派人戶花名銀兩細數給示曉諭以便輸
納及造册繳道以備查考○一給由帖所以一民
耳目凡委官審編丁田揭榜之後卽照式刊刻由
帖每里甲分給一紙使各家喩戶曉知丁田銀兩
數目不致欺隱遺漏增減如有前弊許諸人告首
卽問作弊之罪充賞首人各州縣仍置空白簿三
扇每扇以百篇爲率送分守道用印一扇發回本

縣收掌仍置一大櫃于公堂但遇里甲執由帖赴
納均平銀兩就令當堂投櫃封鎖記簿存照仍將
由帖註納數目日期掌印官親批完納給還備照
不得加取稱頭火耗一扇發領辦吏一扇發該吏
大事先期一月其餘先一二日照依原議給銀買
辦各登記支應數目季終循去環來繳該道查考
以防侵尅其收頭及坊里班頭名色悉行革除○
一庶務既不役里長支值各須得人每年各州縣
輪委各該實叅及候缺吏役以總理買辦立夫馬
頭以總理夫馬仍量事勢緩急查撥民壯幫同各
役使用其夫馬頭給工食以酬其勞掌印官仍不
時查理若有尅減即拏問招詳仍令各置印信簿
發與吏役及夫馬頭收執如某官經臨該送某號
下程該撥某則夫馬各照本縣發出刊刻小票依
數買辦撥送隨將用過銀兩挨日登記間有不收
不用者明白註扣還官以備查覈其或上司取辦
物件亦令承行該吏領銀照依時值兩平易買送
用不許給票指稱官價虧損鋪行○一均平銀兩

尚輸納逾時未免支應告匱凡審編丁田之後坐委管糧官追徵勸限三箇月以裡完五分半年以裡盡數完納本官仍依期赴分守道報數以憑稽考如限中不完及不親赴該道報數叅提問罪住俸候完日開支如里中恃頑不納枷號究治○杭州等十一府所屬州縣額坐雜三辦一應錢糧將原額并近年加增應該起存等項成規開載相同無容更議者開列于前次將本縣一應支費逐款各開銀數備列于後其間多寡損益俱載本條項下猶恐別有意外之費各照縣分大小酌量另派備用銀兩以給不虞之用總名之日均平銀每年一體徵完應起解者給批解納責限獲批繳照應支銷者收貯縣庫聽候支用其里長止令勾攝公務甲首悉放歸業此外再不許分毫重派以滋別弊○一往年里甲供應官府日用下程初則買辦供送後則算取折乾通行裁革不許踵襲舊弊自玷官常其分撥坊里赴本府各衙荅應尤爲非法守巡道不時稽查○一仁錢二縣原設坊頭等

役扛擡樽俎名曰火食扛悉已革除其外州縣原非附省雖無奔走之煩然出入跟隨責令供給更有甚于前項之費除通行禁革外其餘凡係應供費如下程酒席之類悉議入均平銀內一體派徵○一附郭縣分如遇經過官員供送下程油燭柴炭相沿已久勢所不免苟不愛惜撙節其于民力何堪今後凡係附府各縣經過使客止許府送下程縣送油燭柴炭其餘州縣亦要酌量經行仍照依議定三等字號票式不得分外妄增糜靡費可革財用自節矣○一餽送之禮邇年侈靡相尚困累已極若不著爲成規未免任情濫用今刻定三樣字號票式如係九卿堂上翰林科道等官天字號下程一副酌定用鵝二隻雞鴨共四隻魚四尾猪蹄二隻京菓時菓各四色米一斗金酒一罈青菜二盤油燭十枝柴四束炭二簍部屬寺評中書行人方面副總叅遊都司等官填給地字號票下程一副酌定用鵝一隻雞鴨共四隻魚二尾猪蹄一隻京菓時菓各四色米八升時酒一罈青菜

一盤油燭八枝柴二束炭一簍運府州縣正堂塡
給人字號票下程一副酌定用雞鴨各二隻豬肉
一方魚二尾京菓二色米五升時酒一小罈青菜
一盤油燭五枝柴二束炭一簍如遇使客經過責
令晉理該吏照數買辦并具字號手本拜帖供送
以免下人尅減間有不受如醃臘未宰并乾菓等
項仍舊收貯其餘有不堪頓放者暑月追原價十
分之三冬月追三分之二還官○一宴會已經議
有規則約計毎席連品物柴燭等項用銀三錢五
分其花段看席攢盒戲子俱裁革另刊有書册通
行○一夫馬除本省公差眞正牌票册咨別議外
惟使客勘合關有例外增添指勒折乾者各州縣
合將應付規則刊印票文預將各夫馬價逐一封
貯如遇火牌至日掌印官就便塡給票文令夫馬
頭僱覔除親臨上司照牌答應外如九卿堂上翰
林科道等官應付水路座船上水五十名下水四
十名平水上下亦俱四十名站船上水二十五名
下水二十名平水上下亦俱二十名部屬寺評中

書行人進士方面副總叅遊都司等官應付座船上水四十名下水三十名平水上下各二十名站船上水二十名下水十五名平水上下俱十五名運司府佐州縣正堂座船上水三十名下水二十名平水上下俱二十名站船上水十五名下水十五名平水上下俱十五名俱照驛傳道詳議事規縣驛遞共撥此數其陸路人夫馬匹照人照扛驗發若有冗減官價及擅增一夫一馬者罪坐各役與該吏仍追價還官〇一人夫馬匹有議徵銀在官照差計日支給者有計程遠近支給者有議徵給一年工食與人夫并養馬之家有餘不足聽其走差答應者有稱州縣偏僻用馬不多照舊令量里暫僱爲便不派均平者爲照各州縣地方衝僻水陸險易原俱不同程途遠近差撥繁簡亦是有別是以規則不能畫一如嚴州府之夫又該守巡道更議欲照舊規遞年里甲輪流差撥其間人戶或家道殷實及另有他役情愿徵銀在官與貧寒小民無力辦銀自愿服役者俱應俯從其便庶可

宜于民情各開具于府縣項下○一夫馬頭只令僱覔夫馬其應給工價各掌印官酌定數目先期包封用印鈐蓋取木箱收貯臨期照原封當面散給受覔之人不許落夫馬頭及該吏之手致有扣尅之弊○一各縣差撥河船俱係臨時剳鹵量給過關米即令裝送小民愁歎眞不忍聞而出票差人取船其間賣放之弊更有不可勝言者今後通計每年用過船銀若干就于均平內泒徵貯庫若取船應用即照民間僱覔定價一體算給不許出票差人致有虧累小民不堪其上水下水遠差近差但聽守巡道酌議定價刊立板榜于埠頭曉諭通知若有用强取用不照原價許不時赴院道禀告拿問○一各州縣地方固有衝僻而過客應用鋪陳亦當置備除有驛遞及不通往來處所外其餘州縣俱各該泒入均平酌量多寡置辦年久損壞請支預備雜用銀兩修補不許累及里甲○一分巡道三年一次整卷刷卷合用紙劄筆墨供應書手米菜工食等項俱令動支本道贓罰不必泒

入均平如駐劄縣分庫無贓罰者許於所屬州縣查支解用○一上司按臨及府州縣官出入合用提籠照舊坊箱里甲出辦其省城各院兩關屬各驛供應三司各道府縣俱本衙門在官人役管執並不用坊里○一祭丁用鹿所費不多但地方所產有限若市之不得以牝代牡褻瀆尤甚除郡庠照舊用鹿外其各州縣皆以羊代之至于別項物件有司較定官秤一把臨時委佐貳或首領驗秤齊足交與該學以杜掯勒如該學縱生員吏書人等故意刁難負是名教罪人矣事發師生戒飭連吏書究贓重治○一鄉飲酒禮本敬老尊賢大典近聞濫及匪人及舉城士夫俱備席或折乾分送殊非事體已經禁革各府州縣悉查照舉行毋容冒濫○一各衙門船隻坐用皆屬各該驛遞掌管小修大修拆造具載成規俱有原額水馬夫銀自後拆造修理各從實估計請詳俱于原額內動支不許貽累里甲濫報大戶管造○一在外各守巡兵備等道歲用紙劄油燭柴炭及士夫交際下程

酒席等項俱動支該道項下贓罰照數行府取發駐劄縣分收候買辦其原編銀數仍舊派徵以備紙贖不足使千內支用若或有餘即留充該縣公費○一各府州縣等官日用紙劄心紅油燭等項俱議有定數許支自理紙贖應用但週來贓罰多寡不齊難以取必仰各該府州縣掌印官計算每年府若干州縣若干府官應支之數派各縣均辦每季先自理紙贖如不足用方許于本項下動支○一上司登岸出道扛擡卷箱如兵備道有隨捕團操兵就令供役其餘無者俱該驛募夫答應如上司按臨扛擡水薪敲梆直宿等項俱用聽事民壯不得擅擾地方火夫及另支銀僱募如經臨合送皂隸若駐劄行事者許照舊規關送內外二班如或經過停宿晝夜止撥一班迎來送往不必另送外班至于祭祀及辦送下程燕席俱撥民壯扛擡○一上司按臨并府州縣官陳設酒席鄉飲等項合用椅桌臺幃磁器通照坊里丁糧審派均平銀兩在官估計合用物件酌量置辦所置器皿送

縣號記貯在一處即給簿一扇委該吏掌管役滿呈鳴交與下手缺欠者賠償損壞即支輪年均平修補搬運人夫合用民壯各隨宜撥用其官府取用物件間有指匿不肯發出者掌管之人亦要登時稟明掌印官註簿繳道查究他如考試閱操等項合用椅桌搭廠竹木棚纜之類亦于均平銀內支用置辦事畢變價還官存候別用不許借辦舖行致有虧損○一兵備道駐劄處所犒賞獲功員役合用花紅公費俱動支原派兵餉錢糧應用不派均平其經臨上司中火有驛遞者驛遞荅應無驛遞者該州縣相度六十里以上者中火一二日之程設宿食俱派定均平中火銀支用○一各衙門打掃剗草等項俱用本衙門跟隨皂快及民壯等役不許擅用地方火夫致妨生理查得各府州縣有責令地方夫上宿守監及撥取短夫扛擡物件者最爲小民之害已經嚴刻榜諭禁革雖坊里且不許濫行拘役況火夫乎○一雜辦欵目頗多必須分別包封另箱收寄如遇某項應用即于原

欵包內動支仍于原登簿內前件下開寫于其日支取若干作爲某某用明白註銷以備查考庶免影射侵匿捏開小民拖欠復累該年里長如或官遷吏滿各要一一交盤申請守巡道清查無弊各批詳允方許離任起送若支有餘剩俱聽申明以抵別項公費支銷○一議定規則蓋欲永爲遵守但時有變遷事有損益各項之中用或羨餘聽其截長補短貯候湊支此又通融之法也間有意外之費有司或難于開報及一切士夫交際等項果係禮不可廢義不容已者許于備用銀內動支倘有不敷就于該州縣自理贓罰銀兩一面請詳支應若有徇泒里甲者官以不職論吏究贓重治各有司若能着實舉行不惟生民有賴而官亦賴以成令名矣○一里甲均平之法非出本院一人謬見實賴賢明司道及各該良有司講求考訂更數月而後成相與早作夜思苦心區畫無非仰體朝廷勤恤民隱至意若不藐爲空談願舉而力行之今後各衙門塡註府州縣掌印官考語須于賢否冊

內明註有無遵奉均平以驗其行事之實若或故違郎是賊民自奉甘為衣冠大蠹矣秉筆查覈者各宜曲加廉察毋使貪鄙之人得欺世盜名也若自小民訐發豈惟有司蒙面忍恥不能苟容而監臨督察者皆不能無愧矣本院亦與有其責故復以此申告不憚煩○均平由帖某縣為節冗費定法守以蘇里甲事今遵奉題准均平事理出給由帖備開年分應徵應派銀數付照仰速照依正數辦完送縣交納當堂投櫃即將由帖填註納銀數目日期掌印官親批納完二字用印鈐蓋付還備照並不許分外加取稱頭火耗里長在官勾攝甲首悉放歸農毋違須至出給者本縣該派均平銀

千　百　十　兩　錢　分　釐嘉靖四十年

分通縣人田共折丁　千　百　十　丁每丁派

銀　錢　分　釐　毫　絲　一戶人丁田丁折丁

丁共派銀

本年　月　日照數赴縣納完訖右給付某執照

○均平之徵後又并入條鞭內則此帖可廢矣

均差

萬曆元年實派均徭銀六千六十六兩九錢二分七釐九毫九絲六忽七塵內富戶銀二十兩解府轉解路費銀三錢布政司廣濟庫庫子一名銀一十二兩解司給發路費銀三分運司獄卒一名解司給發路費銀三分本府獄卒二名銀二十四兩本縣給發按察司獄卒一名銀一十二兩解司路費銀三分本府稅課司巡攔役銀四十兩解府本府稅課局巡欄銀八兩解府三江場工腳三名銀

一十八兩縣給曹娥塲工脚六名銀四十二兩縣給本府巡鹽應捕六名工食銀九十兩縣給本縣巡鹽應捕一十名銀一百一十兩縣給本縣獄卒六名銀六十四兩八錢縣給桑盆等五所局巡欄鈔銀一百六十八兩四錢九分五釐四毫三絲二忽解府聽作官軍俸鈔本縣解戶四名內二名軍門充餉二名解司聽解物料銀一百二十兩路費銀四錢八分本府如坻倉斗級二名銀三十兩本府預備倉斗級三名銀四十五兩本縣預備倉斗

級二一名銀三十兩本府公堂家伙銀四兩七錢

釐三毫本縣公堂家伙銀一十六兩本縣儒學公

堂家伙銀一十二兩五雲等一十三鋪每鋪司兵

五名共六十五名共銀五百三十八兩二錢三江

閘夫一名銀九兩耳房庫庫子一名銀四十四兩

本府儒學齋夫銀一十二兩膳夫銀三十兩本縣

儒學齋夫銀七十二兩膳夫銀八十兩本府歲貢

路費銀三十兩一名縣給本縣歲貢路費銀三十

兩一名縣給察院看司門子一名銀三兩縣給布

政司看司門子一名銀三兩縣給本府門子二名銀一十四兩四錢解府本縣門子二名銀一十四兩四錢縣給本府儒學門庫銀四十三兩二錢解府本縣儒學門庫八名銀五十七兩六錢縣給宋陵門夫一名銀三兩蓬萊驛舘夫銀一百一兩一錢一分一釐海道皂隸二名銀二十兩解府路費銀五分布政司皂隸二名銀二十四兩解司路費銀六分照磨所皂隸一名銀一十二兩解司路費銀三分聽事夫四名銀四十八兩解司路費銀一

錢二分分守道弓兵一名銀一十兩解司路費銀二分五釐溫處道甲首一名銀一十兩解司路費銀二分五釐都司斷事司皂隸一名銀一十二兩解司路費銀三分運司皂隸一名銀一十二兩解司路費銀三分本府理刑廳皂隸二名銀二十兩解府扣解皂隸銀九十兩解軍門作充餉解府轉解路費銀一錢二分五釐南京柴薪銀九十六兩另淌珠銀二兩四錢解府轉解路費銀一兩二錢三分南京直堂皂隸二名銀二十兩另淌珠銀六

錢解府轉解路費銀二錢五分七釐五毫運司柴薪銀二十四兩解司路費銀六分紹興衛柴薪銀一十二兩本縣給發本府馬夫二十三名銀九十二兩解府巡按察院水夫銀二兩解府轉解路費銀五釐鹽院水夫銀九錢一分六釐六絲四忽七塵解府轉解路費銀二釐三毫按察司馬夫銀三十六兩解司路費銀九分本府遞送夫二名役銀一十四兩四錢解府本縣皂隸二十六名役銀一百三十四兩縣給梁湖渡小江渡青山渡稍夫一

十三名銀四十六兩八錢縣給本縣柴薪銀一百八兩縣支本縣馬夫四十名銀一百六十兩縣給本縣遞送夫一十三名銀九十三兩六錢縣給坊夫一十七名銀一百二十二兩四錢縣給東關驛水岸夫銀一千四百二兩二錢二分四釐四毫縣給本府水利廳民壯一名銀一十兩解府本府平政廳民壯一名銀一十兩解府本府巡捕衙民壯三名五分銀二十八兩解府本縣民壯一百名內分守道取用健步二名銀一十四兩四錢縣給本

府坐留差用民壯打手九名共銀六十六兩解府
本縣民壯八十九名共銀五百五十二兩縣給本
府抽取民壯九十四名共銀六百七十六兩八錢
解府右俱派概縣田丁出納徵銀貯庫召募人役
充當

均差考　分守寧紹台道程分巡浙東道謝爲均差
便民事嘉靖四十四年奉欽差提督軍務
都察院右副都御史劉批各道呈詳本年十二月
二十三日奉本院批發紹興府申詳查議過山陰
縣里遞吳因等呈均徭銀力等項二十五款緣由
又爲均徭役革宿弊以一政令事批本府申詳查
議嵊縣均徭二十二款緣由俱奉批仰分守道會
同巡道酌議果否便民具由詳繳又爲懇乞天恩

照例均役以便民情事奉本院批發本府呈詳查議諸暨縣耆民何恩王艮等呈均徭役銀通融算派緣由奉批近訪衆論紛紛不一仰分守道會同巡道酌議果否便民具由詳繳依奉會案行府再加酌議官民兩便明白具由申詳會呈去後隨據該府申稱查得前事先該本府查議通行申蒙巡按御史龐詳批前呈山陰縣徭役緣由蒙批據議均徭通融編派隨事酌量費有常經民無偏累而詭寄花分冒濫優免之弊亦盡革矣如議即查照行其各縣應否一體審編傳訪輿情另由呈奪繳又批前呈嵊縣徭役緣由蒙批據呈酌議詳悉即將該縣遵照審編繳又蒙巡按御史楊詳批據議最善准照行鹽捕一節已行兵備道覆議仍候另行繳續爲懇恩比例均平徭役等事蒙巡按御史龐批發會稽上虞等縣耆民里遞單球徐應元等各呈均派徭役情詞俱蒙批仰府查議速詳等因爲查各項銀力二差通融徵銀募當民皆稱便今蒙行仰再議停妥遵依覆查得各該徭役除巡鹽

應捕先議徵銀抵課免僉前役止僉民壯弓兵巡緝恐難濟事已該知府楊又議將各縣派徵銀兩仍照額名數選募勤實之人照舊充當捕役分布行鹽地方晝夜常川巡獲船鹽人犯不許縱放違則從重問遣備由呈兵巡道覆議轉詳外其餘各項銀力差役再三斟酌細加博訪輿情委果稱便均派徵銀募當並無窒礙實係經久可行通將山嵊二縣原開條欵并會蕭諸上新五縣各該額僉徭役酌量重輕議派銀數俱各逐欵聲說明白開具手册備申前來據此會看得均徭舊例原分銀力二差蓋其立法本意銀差所以待貧民而力差以待富室也法非不善但力差中間重輕難易頭緒甚多故富民多方謀爲就輕避重吏胥得緣爲奸飛詭百出每每偏累不公故民多願通融徵銀僱募承值如餘姚一縣先經會議將銀力二差比照江福直隸等處通融派銀隨糧帶徵僱人承役雖行之未久人皆稱便今山會蕭諸上新嵊七縣既愿一體施行亦當酌處以慰民望隨將該府各

欵所議各項差役分別輕重難易于原定役銀之外量增銀數并通融徵派事宜各道逐一細加查閱詳議明白合無候呈詳允日備行該府將各欵議定事宜通行各縣着實遵行永爲定規仍出示曉諭軍民人等知悉惟復別有定奪呈乞照詳等因奉批旣稱民便准照行繳奉此案照前事已經會議具由申詳去後今奉前因擬合就行爲此案仰本府官吏照案事理卽將議開徭役銀兩數目轉行各縣逐一查照遵行各將役銀數目挨序造完書册每道各一本本府縣各存一本備查仍將前項均徭役銀總數造入格眼循環內送比每年終各將徵完解給過役銀并餘剩扣存各銀俱明自造册送分守道查覈各具遵行過日期緣由并不違依准申來繳查

一條鞭考

紹興府爲懇天立法釐弊以便徵解事奉分守寧紹台道崔劄付隆慶二年四月初三日奉欽差提督軍門趙批發會稽縣第五都里長鄢宜試呈詞本縣分派錢糧各項零星奸

民謀充收頭恣意侵費欲照依餘姚縣立一條鞭法通將槩縣錢糧攢爲一總每畝派銀若干逐戶分給由帖親自投納革出收頭名色以除宿弊等情又爲乞賜鑄立良規以終善政永安生民事奉本院批發諸暨縣庶民周恭四十七等連名呈稱諸暨之害收頭爲最錢糧之徵名色極多有等奸徒謀充收頭侵用拖延害貽百姓今本縣梁知縣將槩縣各項錢糧名色會計總作一條聽設一櫃令自投納此法一行官民咸便誠恐後來變更請行立石紀載以垂永久等情俱奉批仰分守寧紹台道查近行議報奉此看得各縣總計一條鞭派徵收納之法先爲定徵解以便出納事該山陰等縣各比照餘姚縣行有成效事例俱申奉本院批行本司該署印左參政劉會同按察司并分巡各道議得錢糧之繁重莫有過于兩浙而徵解之奸弊亦莫甚于兩浙蓋其初收納不得其法其既解運不得其人故也訪得各該州縣每遇徵派之際率于糧里之中逐項僉定收頭未爲不可而積年

棍徒多方謀爲包攬一得收受百計侵漁遺前那後稱新補舊其弊有不可勝言者是以山陰諸暨等縣各具申呈皆欲舉行一條鞭之法無非剔刷積蠹以充裕軍國之需也且徵解錢糧事關通省不獨山陰諸暨等縣爲然通行議處查照餘姚縣一條鞭之法行令各州縣將該徵夏稅秋糧鹽米等攢爲一總內除本色米麥某項某價照舊上納外其折色某項某項各若干每石該折銀若干通計銀若干槩縣田地若干每畝該實徵銀若干共該銀若干其均徭里甲三辦均平等亦攢爲一總其某項各該銀若干通計共銀若干然後通查槩縣田地山若干人丁除例該應免外見在若干每丁該銀若干田地山各若干每畝該徵銀若干共該銀若干二總應徵銀兩再算每田地山一畝該銀若干每丁該銀若干連前項正銀通該若干編派已定即行照數備細造册一本開寫榜文一道申送各分守道查覈明白果無差錯關防印記發回一面將榜文張掛曉諭百姓通知一面查造册

籍逐戶塡給由帖用印鈐蓋着各該里遞分給各甲人戶照帖承辦依期赴納此一條鞭派徵之法也至于收納之際每縣查照由帖造收納文册一本用印鈐蓋置立大木櫃一個上開一孔可入而不可出者仍酌量縣分大小都啚多寡縣小者止一簿一櫃大者作二簿二櫃或三四隨宜曲處每櫃即選擇實歷吏中之勤愼者一名糧長中之殷實者一名相兼經收每次即給收票一百張私記小木印一箇本櫃立于縣堂上聽令各該里遞帶領納戶親赴交納先是吏與糧長公同查對簿内及由帖納戶本名下丁糧及折銀數目實該若干相同無差隨即驗銀足色兑銀足數眼同包封上寫某里某甲納戶某人銀若干仍着納戶將簿内本名下塡寫某月某日交納足數訖下註花字爲照吏同糧長將納完銀數塡入收票内某月某日吏某人糧長某人公同驗納訖亦註花字爲照銀令納戶自行投入櫃中並不許吏與糧長經手如有加交重稱刁難勒索者許即時禀告究治每十

日掌印官同管糧官及經收吏役糧長開櫃清査出一次照簿對封照封驗銀如果無差總算該銀若干拆放一處每百兩權作一封暫寄官庫以待臨解傾錠另貯一匣另置印簿一扇登記每次清査銀數又行另選吏一名糧長一名如前經收十日清査此一條輙收納之法也如遇某項錢糧應解將前庫寄銀兩照簿內收用日期挨次順支若干應貼路費若干當堂傾錠封付解人凡銀至五百兩以上差佐貳首領官三百兩以上差殷實候缺吏一百兩以下差殷實糧里仍查照貼解銀數給與使費解送至府轉文呈司交納責限納獲批收銷繳俱不許再僉收頭解戶等項名色此官解銀兩之法也此法既立諸弊盡革官府徵收截然有一定之規百姓輸納曉然無科索之患矣等因具呈本院奉批據議派徵收納官解之法甚爲詳悉但遵行在各州縣督行在各守巡兵海等道而提綱挈領責在該司仰司即如議轉行各該駐劄道分就近催督舉行仍取各縣派徵過錢糧數目多

案緣由備造書册送本院及該司遵查考又蒙巡按御史王批據會議似爲停妥詳盡允即依擬通行查照施行此後有司官員務須永爲遵守加意小民切毋爲一已一念之私輒輕更變致使民法美意徒爲紙上之空談可也繳隨該本司通行備咨到道就經轉行所屬寧紹台三府督着速行各縣務要查照前項議定事規將錢糧總數攢造書册徑送本院查考着實舉行去後隨查貼解路費一節先該本司先任劉參政會議凡解南京者每兩該銀三分五厘北京者該銀五分解司者每兩該銀二分五厘解司轉解者每兩該銀二分七厘解府者該銀一分又爲議定貼解銀數以便遵守事又奉本院覆行會議隨該本司署印殷參政議得各屬起解錢糧貼解路費應查程途遠近解北京者每兩貼解三分五厘解南京者每兩二分但係柴薪每名外實增銀三錢不在貼解之數其餘解本司解外府本府者原議貼解之銀通行裁革每年務于派單上查照某項係解北京某項南京

明開加增若干俱于正銀內照數帶徵縣給納戶戶由上開載以杜奸弊等因備呈本院奉批據議甚爲妥當仰司通行闔省永爲遵守弊絕風清其庶幾乎仍取各府州縣不違依准類呈繳又蒙巡按御史王諱批據呈貼解收納之法細徵曲折計處周詳使大小有司皆能守之不變豈獨宿弊盡掃民瘼可瘳哉而官箴亦可保其無玷矣通如議着實施行繳又奉提督軍門趙案驗備行本司即便通行各府州縣就出簡明告示遍貼城市鄉村曉諭百姓知悉一面通查已前收完未經轉解多徵貼解銀數各照今議扣該實用外多餘之數貯庫作正支銷勿容吏胥乘機侵匿仍將派徵錢糧并貼解銀數緣由備造書册送縣查考等因備咨前來該本道就經查照通行所屬府縣一體奉行訖今會稽縣鄭宜試諸暨縣周恭四十七等各又呈舉前詞爲照一條鞭派徵與收納解銀之法誠釐弊便民之意已該二司各道會議詳允公私兩利情法相兼通行槩省立爲常法矣緣一條鞭徵

派明文布政司于本年正月間方行于各府會稽
縣正官先于上年入朝此法尚未舉行今該縣正
在派徵之際各民誠恐因循不行仍踵前弊故爲
此請其在諸暨者見有知縣梁子琦遵照前法督
總類派徵收簡易允協民情在各民猶恐官之更
代不常法之持守靡定共圖立石以垂久遠是在
二縣之民一爲立法以成其始一爲申飭以保其
終跡其所陳本爲公舉究其原意亦非私心合候
呈詳允日備行紹興府嚴督會稽諸暨二縣將見
年錢糧查照前法未行者責令及時派徵已行者
督令着實舉行如違聽本道將經承官吏提究仍
各大書刻榜于縣前務令家諭戶曉昭揭遠近庶
使良法美政可垂永久其有陰懷私忿惡收頭之
裁革者自不得輕爲更變以滋他弊矣呈乞照詳
等因于本月十四日呈奉本院詳批仰道照議行
屬遵守繳奉此劄仰本府照劄備奉批呈內事理
即便督令會稽諸暨二縣將見年錢糧查照前法
未行者督令及時派徵已行者督令着實舉行如

[illegible]定人將經承官吏提究仍各大書刻榜于[illegible][illegible][illegible]
令家喻戶曉昭揭遠近以垂永久仍通行山[illegible][illegible]
六縣各將一條[illegible]派徵收納之法與貼解南北二
京路費并裝新無名增銀三錢俱照前項議呈詳
允事理俱一體着實舉行永為遵守毋得輕易變
更申[illegible]自取罪[illegible]各未便各具遵行過緣由及不違
依准一併申道查考等因奉此擬合通行為此仰
縣官吏照帖備奉[illegible]付內事理即便將見年錢糧
查照前議[illegible]行[illegible][illegible]令及時派徵已行者督令着
實舉行[illegible][illegible][illegible]將經承官吏提究[illegible]行（會稽縣每
戶[illegible][illegible]由[illegible][illegible][illegible][illegible]府會稽縣為[illegible]由[illegible]以便輸納
事[illegible][illegible][illegible][illegible][illegible][illegible]雖定至于[illegible][illegible][illegible]糧小戶未能
周[illegible][illegible][illegible][illegible][illegible]科詐甲首戶[illegible]科[illegible]戶丁深為未
便[illegible][illegible][illegible][illegible][illegible]總[illegible][illegible][illegible][illegible][illegible]未外今將每戶
糧[illegible][illegible][illegible][illegible][illegible]由帖家[illegible][illegible][illegible][illegible][illegible]人人一覽即知
自己[illegible][illegible][illegible]平[illegible]均平均[illegible][illegible][illegible][illegible]年所派不一始
致[illegible][illegible][illegible][illegible]數之則九年派算[illegible][illegible]不過毫厘未
必大[illegible][illegible]絕為此[illegible]仰[illegible]縣人等俱要遵照由帖

內事理假數完納如有里遞隱匿不給及經手吏
胥人等算對不實那移作弊者依律究遣決不輕
貸復查由帖者○計開一戶某係某都某圖某籍
人丁若干鹽糧銀若干鹽米若干山田若干該馬
折餉水銀若干水田若干該馬折餉水銀若干耗
米若干升田若干山地若干實糧折餉銀若干水
地若干該糧折餉銀若干米若干山若干該鈔餉
銀若干蕩若干該折銀若干米若干地塘漊若干
該折銀若干米若干以上人田地山蕩共折正丁
若干除免辦丁若干均平約差白梼銀共若干通
共各折銀若干共米若干某年月日給總書某人
書算手某對同吏某諸款如無者則下註無字無
免丁者亦然若如[illegible][illegible][illegible]戶則一條鞭（由帖）自人
丁[illegible]某折為一[illegible][illegible][illegible][illegible]又自為一總而黃絡
麻鈔米祿等[illegible][illegible][illegible][illegible]三江二場之鹽則各有觔
課不關本縣之丁數故不與焉人特一帖五尺童
子莫之敢欺矣二年某月日（知縣傅良諫申）一條
鞭立法詳悉無容再議但本縣優免煩碎名項極

多比之他縣甚于霄壤如秋糧額數無論山海水鄉都分槩縣一則均派每畝科米一斗一升七合九勺及派徵米折則又因厥土之上下而有輕重之分本縣額設三十三都自第一都起二十都止及在城兩隅名日水都本色糧米及南存改備等項重折盡派于此內及第七第八十二十三十四等共五都因邊海荒坍田土每畝派于北折二三四五七升者其二十一都起至三十三都止名曰山海鄉都分每畝止納輕賫北折米九升七合九勺備折米二升全不派徵本色又如南本每石徵銀七錢各縣無分民竈一槩派徵惟獨本縣竈戶纖毫不承納又且田不加耗又如水鄉蕩價內外職官及各竈戶俱優免止派于民又加水夫工食遠驛馬價北京省職官查照品級優免而竈戶原與民間一體派徵內又第七第八十三十四十七三十一三十二等共七都竈田每畝免銀四厘比之各都竈田又別又如二十四都民戶患田六千六百餘畝水鄉水夫馬價三項俱免不派自此頭

緒煩瑣遽難畫一竊議前項錢糧若照舊規派徵則輕重不一安能類總若計畝科銀又似非條鞭之意今反覆酌量參諸人情除將均平均差每年官吏生監優免增減兵餉各年奉文派徵多寡不同俱難派于條鞭之內合無另爲一則其夏稅秋糧照田通派此乃一定之法不分官民與竈求之各縣皆然本縣官民無閒而惟獨竈異以此民竈輕重懸絕竈田日增民田日減而冒籍詭寄之弊其流不可遏矣合將稅糧一體派徵查出山海都分原額田地照舊派以此折若干備折若干每田一畝計銀若干每地一畝計銀若干共水都田地照舊派以本色糧米若干南存改備等折若干每田一畝計銀若干計米若干每地一畝計銀若干計米若干各揭一總銀入條鞭米照常規派運共水鄉水夫馬價三項總計每田一畝不過七釐亦不分官民竈戶及減免竈田俱徵不免與前稅糧合爲一則每田一畝共計該銀若干設立官簿官票責令依限投櫃收解及查本縣竈戶優免元額

定例查得水鄉蕩價先因栽葦水夫竈户所遺蕩地俱俱竈管業所該鹽課無分民竈派于該縣田內自嘉靖十九年以來竈户方行告免及查秋糧米折嘉靖三十七年以前並不分别民竈一槩派徵俱各行之未久即今通派雖少有所增而反覆挨算每畝計銀不過厘數況又有例優免與民不類合將本縣竈户并患田及官吏生監于均平均差二項之內照舊例優免外仍量與加免丁田例免十丁者再免一丁庶人皆相安法可永守再照解運路費起解司府者一切裁革屢蒙頒示嚴禁多方體念但錢糧關係匪小多懷畏心若不立有成規誰不臨時推調議將每年見役糧里計若干名解司解府銀兩各照本年下田糧多寡挨次照數領解何能辭責領解鮮少者亦聽其相附自行討貼大約一百兩以上者定解一名二百兩以上者定解二名責令輪流聽撥則收頭不立而管解有人路費不徵而勞逸適均矣伏乞照詳施行具呈三院下紹興府府議以一條鞭之法原合均平均

差稅糧爲一令該縣將均平均差兵餉另爲一則將稅糧另爲一則此乃兩條鞭矣又于稅糧之內將山海都分派以本折北折將水都分派以本色糧米南存改備等折又另分爲兩條鞭矣但立法貴通人情爲政須宜土俗該縣前項均平均差每年有官吏生監優免之不同兵餉銀兩每年有增減派徵之不一委難强入于稅糧之內其水都分廠土爲上山海都分廠土爲下賦歛輕重亦難强而齊也再三查訪俱稱前項派徵皆以停妥僉無異論且一條之說原以革去收頭包攬爲主今該縣派徵雖勢不能合一然派額一定家喻戶曉設櫃聽投再無收頭侵攬之弊其與一條鞭之法亦小異而大同矣再查竈戶患田官吏生監優免俱有定例今該縣因水鄉水夫馬價各不准優免欲議于均平均差之內免十丁者再加免一丁以示優厚之意但加免于此則加重于彼小民貧困輸納艱難似違法制不准再加其領解司府錢糧一節既無路費之給每年于見年糧里挨次僉點委

爲適均然必遵奉近議百兩以上則押以民壯一人二百兩以上則押以吏農一名五百兩以上則押以職官一員以防侵匿遲延之姦具呈巡撫都察院批如議行繳

諸鈔

黄絲蔴三千七百六十五觔一十兩折鈔銀一十三兩三錢五分三釐一毫閏則爲四千七十九觔入兩折鈔銀一十四兩二錢四分一釐二毫輸府轉輸于京先責辦于槩縣之漁今派徵于槩縣納鈔之蕩鈔蕩詳見前蕩下

茶株鈔銀五十五錠一貫五百二十文

油榨碓磨鈔五十二錠四貫四十文

窑竈鈔四十三錠一貫

茶引油契本工墨鈔三十四錠一貫

樹株果價鈔一十一錠四十文以上諸鈔折銀一兩六錢六分五釐二毫閏則爲二兩一錢四分一釐八毫三絲八忽以輸于府並責辦于油榨窑冶茶株等戶

鹽課

三江場沙地自蟶浦至宋家漊額鹽凡五千六百九十二引

一百七十六觔十二兩六錢八釐引四百觔內除折色者三千二百七十六引三百二十三觔七兩九錢一分二釐引折徵銀四錢統計銀凡一千三百一十兩七錢二分三釐四毫九絲五忽六微三纖爲本色者二千四百一十六引二百五十三觔四兩六錢九分六釐本色鹽有二目曰存積曰常股以十準之存積得四爲鹽九百六十六引二百五十七觔五兩七分八釐四毫與貳迄正統例竈輸于本塲之倉以待支商迨成化間改折色輸運

司以給常股得六爲鹽一千四百四十九引三百八十五觔十五兩六錢一分七釐六毫洪武初所在鈌糧令商郎鈌所輸米已給勘合赴運司若鹽課司得自支迨成化間改折色輸運司以給

曹娥場沙地自曹娥至小金　額鹽凡一千四百六十七引二百四十八觔九兩七錢四釐引四百觔內爲折色者七百三十三引三百二十四觔四兩八錢五分二釐引折徵銀四錢統計銀凡二百九十三兩五錢二分四釐三毫三忽二微五纖爲本色者七百

三十三引三百二十四觔四兩八錢五分二釐太邑鹽有二目曰存積曰常股以十準之存積得門爲鹽二百九十三引二百九觔一十一兩五錢四分二釐七毫常股得六爲鹽四百四十引一百一十四觔九兩三錢九釐三毫其中支之法悉如右

鹽課考

兩浙運司三十五場竈丁十六萬五千五百七十有四歲辦額鹽四十四萬四千七百六十九引一百四十九觔二兩爲甘肅寧夏固原延綏大同宣府榆林代州等九邊邊各置鎮鎮兵多寡所在不同姑以每鎮萬人論之必七千爲主三千爲客而鎮臺召商中納如滿千引必派七分爲常股三分爲存積甘肅險遠引輸銀三錢其他八鎮引輸銀三錢五分即前七百引爲銀二百

四十五兩又分而三之中取二分貿米一分貿州荳實之邊倉以給主兵而商則賫引到場挨次守支常股之鹽尚餘存積三百引則與守支異目矣必臨調官兵然後召商中納其價獨重易糧給兵如前而賫引到場得越次先支此國初法也成化以後漸亦難行如商引合支常股而本場獨有存積合支存積而本場獨有常股既不得通融復不許更煮又或鹽積而商久不至則耗鹽商至而鹽久不出則病商于是當事者疏請合計全浙竈丁與九邊報中引目不論常股存積悉議徵銀于竈丁引二錢三分七釐總輸于運司商至引給銀二錢一分八釐隨得返邊報中環轉不休而引目仍聽其轉貿徽浙內商令內商得以自買竈鹽初法盡改矣浙通志曰浙濱海而鹽筴與漢初吳王濞置司鹽校尉于馬嗥城以煮海富武帝時始置鹽官法毋得私鬻孫吳置司法都尉榷其利唐置鹽鐵使設場鹽于湖越杭州歲得錢累十萬緡宋置都大發運使及提舉官設鹽場于杭秀明溫台並

州令商人輸錢粟得鹽南渡後屬漕司元置兩浙都轉運鹽使至元十四年置司杭州大德三年置鹽場于浙東西至正二年置檢校批驗所四于杭嘉紹溫台及明朝仍置都運司專掌鹽課增置嘉興松江寧紹溫台四分司督鹽課又置寧波批驗所而分溫台批驗所爲二掌掣擊又置鹽課司于鹽場隸都運司者二曰仁和許村隸嘉興分司者五曰西路鮑郎蘆瀝海沙橫浦隸松江分司者五曰浦東袁浦青村下沙青浦隸寧紹分司者十五曰西興錢清三江曹娥石堰鳴鶴龍頭清泉長山穿山大嵩玉泉昌國岱山蘆花隸溫台分司者八曰長亭杜瀆黃巖長林永嘉雙穗天富南監天富北監場立官一人大者二人團立總催十人凡爲場五十五爲團五百有一爲丁七萬四千四百四十有六丁皆給灘蕩㭍煮器率辦鹽一引官給工本米石引四百觔歲得鹽二十二萬二千三百八十四引三百四十九觔二兩洪武十七年易工本米以鈔引二貫五百文二十三年定辦小引丁歲

十六引鹽工丁八引餘工丁四引引二百觔歲得鹽四十四萬四千七百六十九引一百四十九觔一兩邊商中鹽者每大引輸銀八分官給引目支鹽于場率小引二而當大引一引耗五觔各爲袋場截其引角一而歸之已告驗于運司截引角一已掣擎于批驗所又截引角一鹽過二百有五觔者沒其餘已鬻于限地南止溫處西止徽信北止鎮江西北止廣德其地之東又截引角一乃反引于官官司詰禁如律二十七年復竈戶雜役有差永樂初改令邊商每大引輸米二斗五升或粟四斗邊量米粟貴賤道里遠近險易以爲引目正統二年并代山蘆花場于大嵩場三年遣御史巡督鹽課改令邊商兼中淮浙鹽淮鹽十八浙十二淮鹽輸米麥浙鹽得輸雜糧又用侍郎周忱議以竈去場三十里者爲水鄉竈戶不及三十里者爲濱海滷丁水鄉丁歲出米六石給濱海丁代煎四年復竈戶稅糧毋遠運〔工本鈔自此罷給〕五年併山國場于穿山滚設下沙二場三場置場官歲辦鹽

課率以十八給商之守支者曰常股二貯場倉候邊之召中曰存積價存積重常股輕十四年增存積鹽爲十四景泰元年遣侍郎清理鹽法改令水鄉竈丁歲輸米六石貯場倉官爲給濱海竈又增存積鹽爲十六二年令商報中引目到場遲一年以上者即于常股鹽內挨支三年罷巡鹽御史尋復遣六年運司同知王彪疏罷水鄉輸米仍煎鹽成化五年戶部疏令水鄉竈丁辦鹽二引以上者輸米四石三引以上者米六石併故所得草蕩仍給濱海竈代煎七年定存積爲十四常股十六至今因之十年巡撫右副都御史劉敷以濱海逋課累水鄉疏改水鄉鹽引折銀二兩五分場各輸于其長運司會而輸諸戶部備邊用此水鄉輸銀之始十二年詔嚴水鄉蕩價解運司此草場徵銀之始十八年增置天錫溝場官二十年御史林誠以厥鹽多耗疏令濱海竈鹽并許輸半價浙西引三錢五分浙東引二錢五分歲十月輸京師此濱海本折色鹽之始二十一年增邊商浙鹽價每大

引輸銀一錢六分松江府知府樊瑩疏請以蕩價抵水鄉課鹽之半立蕩戶收之餘半于各縣秋糧加耗餘米帶徵而丁盡歸有司應民役正此州縣包補水鄉額鹽之始弘治元年侍郎彭韶疏減濱海折半鹽價浙西引輸銀三錢浙東引一錢七分五釐二年疏實兩浙餘鹽引價一錢四分正此本處賣鹽之始又疏減水鄉歲課引輸銀三錢濱海歲課常股引輸銀一錢五分存積輸鹽如故三年御史張文疏令濱海竈丁去場三十里內者煎辦三十里外者輸銀視水鄉浙西引三錢浙東引二錢十二年廢寧台二批驗所御史藍章增餘鹽價引一錢八分都御史王瓊御史邢珣繼增之引價二錢正德六年增邊商浙鹽價每大引輸銀一錢八分八年減餘鹽價引仍一錢八分九年御史師存智疏請以本色引鹽即于兩浙開中引價三錢鹽貴則稍易其直批驗所割沒餘鹽亦遂與商聽輸價嘉興批驗所引五錢溫州二錢紹興四錢杭州四錢五分歲輸于戶部凡商鹽餘鹽及包束不得過

三百餘觔遣者沒入之嘉靖六年增邊商浙鹽價每大引輸銀四錢（引價於是極重）七年御史王朝用疏令濱海折色鹽水鄉竈鹽引輸銀二錢三分七釐貯運司而以二錢給商買鹽曰買補三分七釐鹽諸割沒餘鹽價銀仍輸于京師（此給商買補之始）十一年戶部疏減甘肅浙鹽價每大引輸銀三錢御史李磐疏均兩浙給商買補鹽數東西各九萬九千三百三十引其在溫台者兼支二萬六千八十五引泒如故今爲鹽場仍三十有五團仍五百有一丁一十六萬五千五百七十四率三人而輸一人之課濱海本色鹽歲二十一萬三千二十二引七十九觔二兩有奇中爲存積鹽八萬五千二百八引一百九十一觔十兩有奇常股鹽積十二萬七千八百一十二引二百八十七觔七兩有奇折色鹽歲一十二萬七千三百四引一百八十三觔十五兩有奇爲銀三萬一千七百六十六兩七錢有奇中爲給商銀二萬五千四百七十兩一錢三分有奇解京銀六千二百九十六兩五錢七分有

奇水鄉折色鹽歲一萬四千四百四十二引八十五觔十五兩有奇爲銀二萬九千一百八十三兩二錢九分有奇中爲給商銀二萬八百八十八兩四錢八分有奇解京銀八千二百九十四兩八錢一分有奇艸蕩價銀歲八千八百七十七兩六錢九分有奇餘鹽銀以稱掣多寡爲算無定額云云三江場團三十五丁四千五百三十七濱海本色鹽六千六百四十四引一百四十六觔十一兩有奇折色鹽七千七百三十五引六十九觔七兩有奇水鄉折色鹽四千七百八十四引一百七十六觔二兩有奇于山陰會稽縣帶徵曹娥場團十四丁二千九百二十三濱海本色鹽二千六百七十四引五十四觔二兩有奇折色鹽二千五百七引九十七觔二兩有奇水鄉折色鹽二百十四引一百八十觔十三兩有奇于上虞縣帶徵○通志論曰嘗謂義以生利利以和義故爲政上者利民其次不與民爭毫末之利以致大利下者務自利予讀漢食貨志觀所稱太公立圖法管仲權輕重周

景王更鑄大錢退而考鹽法之顛末未嘗不用鹽然也夫鹽之爲利固王者所與百姓共也課國者以爲加賦於畝畝不若取財於川澤是故不得已而專之顧其始也一引之直爲粟數斗而其後或三倍焉夫直廉則市者衆市者衆則粟常積故官無轉輸之勞無寇抄之慮而諸邊富强直高則趨利者不赴趨利者不赴則粟常乏故金幣積于內帑而塞下不得食轉輸寇抄官以爲任而商不與其憂其在緣海鹽積而不售竊販鬻以自給則私鹽之盜起此豈非與民爭毫末之利遂以失大利哉是故王者不言利非惡利也知害之有重於利也商利之臣其言非不可聽也其在目前非不足以爲快也然而其究未有能利者也孟子曰仁義而已矣何必曰利嗚呼可與語仁義者斯能明利害之實

也夫

會稽縣志卷第十 終